文春新書
744

昭和天皇と美智子妃 その危機に

「田島道治日記」を読む

加藤恭子　監修 田島恭二

昭和天皇と美智子妃
その危機に

「田島道治日記」を読む

加藤恭子　監修　田島恭二

文春新書

744

昭和天皇と美智子妃　その危機に　「田島道治日記」を読む◎目次

はじめに　加藤恭子　7

第一章　**天皇退位か、留位か**〈昭和二十三年の日記〉　13
昭和天皇の抵抗／退位問題に揺れる皇室／天皇には荊の道を／芦田辞任、吉田内閣誕生／「退位せず」のメッセージ／マッカーサーから吉田へ／東京裁判判決にそなえて／「謝罪草稿」の発見

第二章　**秩父宮事件の真相**〈昭和二十四年の日記〉　45
小泉信三を口説く／皇室を守る同志たち／御巡幸の再開／占領軍、秩父宮に怒る／占領政策への批判／葉山狼藉事件／皇太子のマッカーサー訪問／天皇陛下、大いに笑う

第三章　**マッカーサーとの最後の戦い**〈昭和二十五・二十六年の日記〉　77
第三皇女の結婚のこと／ヴァイニング夫人との連携／ソ連の脅威で巡

幸中止／朝鮮戦争勃発す／ダレス特使の来日／吉田茂 vs. ダレス／日本独立への道／マッカーサー解任の衝撃／マッカーサーを皇居へ／傷ついた最高司令官／新司令官リッジウェイの登場／再燃する退位問題／皇太后の崩御／「巡幸もツグナイの意あり」／田島辞任の噂

第四章　天皇「おことば」を巡る攻防〈昭和二十七年の日記〉　135

「おことば」に賭ける執念／「八紘一宇的」ではないか／吉田茂や秩父宮の反対意見／退位問題に終止符／立太子礼とエリザベス女王戴冠式／田島ベソをかく／天皇と吉田の対立／A級戦犯たちの天皇批判

第五章　吉田茂と田島道治〈昭和二十八年の日記〉　165

秩父宮の死／皇太子の御渡欧／「天皇回想録」の試み／皇太子帰国「全部よし」／辞職の決意／ワンマン総理と頑固長官

第六章　**皇太子妃誕生の秘話**〈昭和三十年前後の日記〉　189

妃選びのスタート／初めて徳川令嬢の名が／名門出身の有力候補者／田島、O家を訪ねる／正田美智子の家系を調べよ／皇后は民間妃に反対／ついにご婚約の決定

第七章　**苦悩する美智子妃と共に**〈昭和三十四年から死までの日記〉　213

親友の娘・神谷美恵子／「ノイローゼ気味」／『女性自身』の皇太子インタビュー／田島が送り込んだ「相談相手」／同志、小泉信三の死／神谷美恵子との最後の会話／皇太子、美智子妃への御伝言

あとがき　田島恭二　231

あとがき　加藤恭子　233

参考文献　236

はじめに

本書で扱う日記は、初代宮内庁長官、田島道治《みちじ》が書き遺したものである。田島は明治十八年七月二日に名古屋市で生まれ、昭和四十三年十二月二日に、八十三歳で宮内庁病院にて死去した。まだ占領下の昭和二十三年六月、芦田均首相によって宮内府長官に任命されたが、翌年六月にGHQ（連合国軍最高司令官総司令部）の皇室改革によって宮内府は宮内庁に改組され、田島は初代の宮内庁長官として昭和二十八年十二月まで在任した。

「昭和二十三年の日本とは、どういう状態にあったのでしょう？」

という問いを発したとする。これに対して、あとからあとから辛いイメージが湧き上がり「これこれ」と答え得る人々とは、戦争体験者、つまりかなりの年配者か、さもなければ、日本の現代史に通じた人だと言えるのではないだろうか。

昭和二十年八月十四日、日本は「ポツダム宣言」を受諾して降伏。十五日の天皇による終戦の詔書放送。九月二日、米艦ミズーリ号上で、降伏文書調印。

この時点で、どういう〝日本〟という国が残されていたのだろうか？

昭和二十四年四月に経済安定本部総裁官房企画部調査課が発行した「太平洋戦争による我国の被害総合報告書」によると、沖縄を除く軍民あわせた人的被害の総被害者数は、およそ二百五十三万三千人。その内訳については、死亡者数は約百八十五万五千人。負傷・行方不明者数は、約六十七万八千人とのことである。これは昭和二十三年五月の調査にもとづいているので、田島の長官就任とほぼ同時期である。

日常生活では、物資も配給制、都会に住む多くの人々は飢餓に近い状態に陥っていた。

連合国軍による日本占領は、直ぐに始まった。

八月二十八日には連合国軍総司令部が設置され、三十日にはマッカーサー元帥が厚木に到着。日比谷の第一生命館をGHQとして、そこから日本を徹底的に改造する様々な指令が発せられた。軍国主義を否定し、民主化する。その目的のために、国家神道の廃止、天皇の神格化の否定。新聞雑誌・演劇なども〝封建的〟な要素を追放するために検閲された。また戦犯容疑者の逮捕。そして極東国際軍事裁判（東京裁判）の開廷は、昭和二十一年五月三日。新憲法の公布は十一月三日。

連合国軍の手による数々の日本の改革が、驚くべき早さで実行されて行ったのだ。財閥解体、農地改革、要職にあった人々の公職追放等々。

昭和二十年十月四日には、治安維持法廃止と政治犯の釈放が指令され、日本共産党の幹部たちが自由の身になっていた。機関紙「赤旗」は復刊し、「天皇制を打倒し、人民共和国政府樹立を」と訴え出した。共産党に対する言及が、田島の「日記」にも時折出てくる。それが天皇制に対する内部からの抵抗勢力とすると、外からの圧力は、米英仏など十一の連合国が行った東京裁判であろう。特にオーストラリアは、昭和天皇も戦争犯罪者だとして訴追すべきと、強硬に主張した。

GHQはまた、莫大な皇室財産を調べ上げ、それを凍結し、私有財産とみなされたもの以外はすべて国有化した。秩父、高松、三笠の直宮《じきみや》を除く、十一の宮家の皇籍離脱も決定した。皇族の梨本宮守正王さえも、戦犯として逮捕された。皇室をとりまく状況は激変したのである。

田島が宮内府長官に就任した昭和二十三年、昭和天皇は東京裁判の訴追は免れたものの退位問題がもちあがっていた。東京裁判の判決が近づき、内外で退位を求める声があがっていた。こうしたいわば、戦後皇室最大の危機ともいえる時期に、その皇室の舵取りをまかされたのが田島道治であった。

田島は五年半の在任中、退位問題、マッカーサーとの交渉、独立にともなう天皇の「おことば」問題、皇太子の教育やご訪欧など、皇室が直面する数多くの難問に対処するため奔走する。盟友、小泉信三とつねに手を携え、首相の吉田茂とはときに意見を異にする場面もあったが緊密に連絡をとりながら、天皇の側近として、昭和天皇と年若い皇太子をお守りした。

昭和二十八年十二月に宮内庁長官を退いたあとも、小泉とともに皇太子妃の選定にあたり、初の民間妃として正田美智子を皇室に迎え入れる。ご成婚がなったあとも、慣れぬ皇室の中で苦悩する美智子妃に手を差し伸べ、相談役として、親友前田多門の娘で精神科医でもある神谷美恵子を送り込んだ。退官後の田島の役割については本書で初めて明らかになる点である。

まさしく田島こそ戦後皇室の基礎を築きあげた人物である。

田島はもともと銀行家として出発した。彼が愛知銀行常務だった昭和二年三月、昭和金融恐慌が起き、日銀総裁井上準之助は、休業銀行を吸収合併するブリッジバンク〝昭和銀行〟を設立し、そこに若い田島を、責任者として据えた。彼は昭和金融恐慌乗切りに尽力した人間の一人であったのだ。

やがて田島は、昭和十二年、昭和銀行頭取の退職金を担保に借金し、駒込六義園《りくぎえん》に近い自宅の隣に土地を買い、駕籠町「明協學寮」を建てた。二百十坪の敷地に百五十坪のテニスコート付き。一流の環境で一流の人材を育てたい、それが田島の信念だった。田島自身も週に一度『論語』の講読を行い、月に一度は「第一級の人物と話す会」を開いた。それは人材育成の事業であったが、無償の、今でいう〝ヴォランティア活動〟でもあったのだ。それは宮内庁長官就任の前、大日本育英会会長であった田島は、長官退任後、ソニーの会長をつとめる。

以上のような多彩な活動を行った田島は、三種類の書き物を残している。

まず第一に、「日記」である。

几帳面な性格の田島はずっと以前から日記をつけていたのであろう。だが、一部は敗戦の年の爆撃により、自宅や学寮とともに焼失した。現存しているのは、昭和十九年から死去の四十三年にかけての二十五冊である。日本銀行などの小さい黒手帳に、万年筆の細かい横書き文字で記されている。一日分は少しのスペースしかない。しかも、田島はそれを後世に残すことは全く考えていない。自身のための覚え書きにすぎない。そのために文章は短く、前後の脈絡がうまくつながらない。そして彼の肉筆は、ほとんど読解不可能なくらいの達筆さである。だが、長官時代の文章を注意深く読んでゆくと、少しずつ見えてくるものがある。

それは、当時の皇室が占領下で直面した難題であり、昭和天皇を中心とした皇族の方々の生の姿でもある。

二番目は、よれよれになった茶封筒に入った書類で、「新渡戸稲造先生関係」と恩師に関したものや、「拝命直後の書類」などと表に書かれているものである。

三番目は、バラになった種々の書類である。

以上の文書はいずれも田島の次男である恭二氏と孫の圭介氏の手元にある。私はこれまでいくつかの雑誌や書籍のなかでこれらの文書を紹介してきたが、恭二氏の監修のもと「田島日記」の全貌が明らかになるのは本書がはじめてである。

では、宮内庁長官時代の「日記」を中心に、時には他の田島文書も参考にしつつ、激動期の昭和天皇と皇室を、宮内庁長官・田島道治の目を通して探っていきたい。

加藤恭子

第一章

天皇退位か、留位か

〈昭和二十三年の日記〉

昭和天皇の抵抗

田島道治を宮内府長官に任命したのは、昭和二十三年三月十日に首相に就任した芦田均だった。彼の内閣は「昭和電工事件」のため、十月七日に総辞職。十五日には、第二次吉田内閣の成立となる。

わずか半年余りの首相時代に芦田は、宮内府長官をはじめとする人事の刷新をおこない、宮廷の民主化を進めようとした。それは一つにはGHQ（連合国軍総司令部）の意向が大きかった。また芦田自身も皇室改革の必要性を考えていたことは『芦田均日記』（岩波書店　一九八六年）から読み取れる。

だが人選は難航し、長官候補にあがった南原繁東大総長、堀内謙介元駐米大使らは次々と断った。その堀内の推薦によって白羽の矢を立てられた田島道治も何度も芦田にことわっている。しかし、「この人事こそが皇室のためになる」と涙まで流す芦田の熱意に押され、承諾。侍従長は、田島と同じく学生時代に内村鑑三や新渡戸稲造の弟子であったクリスチャンの三谷隆信。こうした人脈から田島をもクリスチャンとする説があるが、田島はキリスト教徒ではない。

田島道治

縦125ミリ横70ミリの日本銀行の手帳に
小さな文字でびっしりと記された日記

天皇ご自身は、前任の松平慶民《よしたみ》長官、大金益次郎侍従長の更迭には抵抗を示され、いたくご不満でいらした。『芦田日記』には、政府をやめようかと思うくらいこの人事に、天皇が「色々苦情を申された」とある。こうした冷たい雰囲気の中で、昭和二十三年六月五日、宮内府長官としての田島の認証式が皇居で行われた。その日の「日記」を引用する。（以下、〔　〕内は監修者による補足、××は判読不能の意、横書きは縦書きに直した。またルビはすべて編集部による。句読点は適宜読みやすいようにつけた）

「六月五日（土）

〔大日本育英〕会ノ車ニテ出勤。9・30理事長更迭挨拶。大学設置委員会9・30欠。高尾氏迎ヘニ来ル。モーニング、11、宮中認証式。二十分前後単独御礼拝謁《はいえつ》。皇后様拝謁後、御書斎ニテ一時間十分拝謁。回顧録御貸下《おかしさげ》。新聞記者ニ一寸《ちよつと》アヒ食事。食後三殿《さんでん》拝礼。二時御挨拶廻リ。首相官邸、衆参両議院議長、副議長、秩父、大宮〔皇太后〕、高松、三笠各邸、前長官邸ニテ分カレ、後藤新平、井上準之助両先輩墓参。帰宅。土屋一家アリ。魚到来」

就任当日、天皇に拝謁した際に御所の書斎で渡されたのが、「回顧録」であったのは興味深い。この「回顧録」は、昭和二十一年三月から四月にかけて、天皇が敗戦にいたる経緯を語ったのを松平慶民宮内大臣、松平康昌宗秩寮《そうちつりょう》総裁、木下道雄侍従次長、稲田周一内記部長、寺崎英成御用掛《ごようがかり》の五人が、記録したものとは違うのだろうか。このときの寺崎英成のメモがのちの『昭和天皇独白録』（文藝春秋　一九九一年）になった。木下道雄の『側近日誌』（文藝春秋　一九九〇年）でもこの聞き取りのことが触れられている。田島が天皇より渡された「回顧録」が誰の手になるものかはわからないが、おそらく『独白録』と同じ内容のものではなかったか。ともかくその「回顧録」を読むことが長官としての初仕事であった。昭和天皇としては、まずなにより先の大戦にいたる正確な経緯を長官に就任したばかりの田島に知って欲しかったのだろう。年末に東京裁判の判決が下ることになっていたこともあったかもしれない。この後、七月三日の「日記」にも「御回想録ヲヨム」、十二月一日には「11・30　陛下Memoir」と出てくる。

就任六日後の、六月十一日（金曜日）には天皇の弟の秩父宮に挨拶に行く。

「御文庫《おぶんこ》ニ行キ御供シテ奉仕者ヲ見ル。請願依頼者、秘書課長、次長等ニアフ。秩父様御挨拶ス。午陪食《ばいしょく》。2　日本学士院ノ授賞式ニ臨席。森戸文相後任者ニ天野貞祐氏　3・30読売約束」

少しずつ田島は宮中の生活に慣れていく。八月に入ると、田島は沼津の御用邸へ皇太子と弟の義宮《よしのみや》の「御様子拝見」に行く。

田島は誠心誠意宮中での仕事に励み、次第に天皇のご信頼を得ていくことになる。

退位問題に揺れる皇室

田島の就任当初から、『タイム』や『ニューズウイーク』などの米国メディアは天皇の退位問題を書き立てていた。天皇は終戦直後に、内大臣の木戸幸一に「戦争責任者を連合国側に引き渡すのは忍び難い。自分一人が引き受けて退位でもして納めるわけにはいかないだろうか」と退位の気持ちをもらしているが、このときは木戸に止められている。昭和二十三年になって東京裁判の結審が近づいてきたことから、再び退位問題がもちあがっていたのだ。ロイター電やＩＮＳ電は「Ａ級戦犯が有罪になれば天皇は退位する」などと書いていた。東大総長の南原繁の「天皇は退位すべき」との談話も流れた。

七月八日付の『芦田日記』によると、その日、芦田と田島は、退位問題を真剣に話し合っている。就任当初は退位論者だった田島は、天皇に実際にお仕えするうちに、そのお人柄とお気持ち、そして周囲の情勢を理解するようになったのだろう。田島は意見を変える。

田島の「日記」で初めて〝退位〟が言及されるのは、その翌日の七月九日である。

「11・30－4・30　大宮御所へ両陛下行幸啓《ぎょうこうけい》。往返供奉《ぐぶ》。〔中略〕5－5・40　芦田拝謁。

然《しか》シテ田島拝謁。皇族追放ノ一線ノコト。芦田安心シタコト。拝謁内容、退位問題ヲ御確《おたしか》メスル。留位責任ヲトル意」

「皇族追放ノ一線ノコト」は、秩父、高松、三笠の三宮家は存続ときまったことに安堵しているのであり、天皇に拝謁し退位問題について確かめた田島は、天皇はむしろその地位に留まることで責任をとる覚悟と理解する。七月二十八日には「吉田茂氏来訪。牧野伯参《さん》内《だい》。退位然ルベカラズト奏上ノ旨」とあり、吉田茂と吉田の岳父で大正から昭和の初めにかけて内大臣をつとめた牧野伸顕が「ご退位はなさいませんように」と天皇に言上《ごんじょう》していることがわかる。

八月九日、田島はその牧野と「高松様、南原繁ノコト、御退位ノコト」を話し合っている。高松宮と南原東大総長が天皇退位の発言をしたことを相談しているのだろう。八月十三日は「10－12部局長会議。仁徳帝陵。退位空論」。翌日は「米国新聞人ノ退位ノ手紙」等々と、昭和二十三年には合計十四回〝退位問題〟が言及されている。

重要なものだけ拾うと、八月二十九日、田島は芦田を訪ねている。

「7・30芦田首相。外相官邸ニ訪問－9 Non partisan、オ上ノ意向ノコト、想像抽象論ハ改メテ今ハ退位反対論トイフ」

文中のNon partisanは〝白紙で〟〝公正に〟判断するという意味である。この日の二人の話し合いについては、同日付の『芦田日記』がよりくわしい。例えば、「T氏〈田島〉の言ふ周囲の情勢とは、a、退位によつて帝制の維持が容易になるとの見解は当らない、悪くすると退位のために帝制が動揺するかも知れない。b、摂政となるべき適任者がないのみならず皇太子は余り若年である」などである。このころには田島は完全に退位反対論者になっている。

九月二十二日の「田島日記」。

「3・00総理官邸。皇室経済学×説明。MC〈マッカーサー〉ト会見、留位ノコトノ説明ヲ話シタシ、後長官談話ノ話。熟考ヲ約シ侍従長ニ話ス」

芦田が天皇留位についてマッカーサーと会見したい旨を、田島に伝えたと読める。留位がきまったら長官談話を出すように、という意味だろう。日本は敗戦により、連合国による占領下にある。GHQの意図するままに社会の機構は変更され、敗戦後わずか三年というこの時点では、将来日本がどうなっていくのかもわからない。この危機に当たり、芦田首相は九月下旬にGHQの、いや、日本の最高権力者マッカーサーに、天皇の退位は避けたいという申込みをしようとしていた。

天皇には荊の道を

田島の遺品には、「日記」の他に多量の書類があると述べたが、その中の一つに、「六月二十七日午前手紙にて芦田氏に送付、午後三時半－四時外相官邸にて会見。九月二十二日首相申入《もうしいれ》に対する回答趣旨《しゆし》」と題する手書きの文書がある。この文書は四項目からなっているが、二項目のみを引用する。

「首相一個の存寄《ぞんじよ》りとしての話合ひに付《つき》、陛下には奏上せず田島の責任に於《おい》て異議なき旨《むね》申上《もうしあ》ぐる次第に有り、陛下に於いては何等御関知《ごかんち》なき点特に御了承の上、先方にも此の旨明らかにさせられたきこと」

首相個人との話し合いなので、天皇には申し上げていない。留位の件は田島自身の責任において発言することであり、天皇は全くご存知ないことである点を先方（マッカーサー）にはっきり説明して頂きたいと、田島は主張している。

これは、「危機管理」の一端を示すものである。天皇退位がもちあがったこの危機の時期に、宮内府長官という職を与えられた人物が、いかにして天皇と皇室をお守りするか、田島は銀行業や他の分野で培ってきた能力のすべてを注ぎ込んでいた。「首相はマッカーサー元帥にこう言って下さい」「ただ彼がこの問題は国会の意見、または一般投票による国民の意思が必要という意見を述べるならば、首相は深入りしないで下さい」など、マッカーサーと芦田の話し合いのための要点を記している。そして九月二十二日付「日記」の「後長官談話ノ話」に戻ると、天皇留位が決まった後に発表する長官談話の下書きらしい手書き草稿が、遺品の中から出てきた。

「天皇陛下には満州事変以来、君国の為《ため》に或《あるい》は屍《しかばね》を戦場に暴《さら》し、或は身を職域に殉じたる何万といふ人々及《および》其遺族の上に思《おもい》を寄せられ常に断腸の思をしておいでになります。〔中略〕そして此《この》未曾有の災殃《さいおう》を招いたことは時勢の趨《おもむ》く所《ところ》支へ難きものであつたにも拘《かか》はらず、陛下としては御自分の不徳に由るものの如く御考へになり仰いでは祖宗《そそう》に愧《は》ぢ畏《おそ》れ俯《ふ》しては国民に済まなく御思ひつづけのやうに拝します。〔中略〕内外諸般の情勢を大観しますれば、陛下御一身《ごいっしん》の潔きことに急なるの余《あま》り、国家百年の憂《うれい》を御閑却《ごかんきゃく》になる結果を生じますやうなことは到底許されませぬ事情が存じますので、陛下は此際《このさい》最も至難な荊《けい》棘《きょく》の道を御とりになる御覚悟を以《もっ》て、大義名分の存する所に則《のっと》り天下人心の帰向する所に従ひ国民と共に新なる決意に燃えて身骨を労し心志を苦しめ身を以て艱難《かんなん》の先に立ち、四国宣言受諾の際の『自分はどうなつてもよろしい』との恐れ多い御決意を更に新たにせられ、世論に超越して再建日本の為に全力を挙げて象徴たる御本分を御尽《おんつ》くしになり、以て戦争による犠牲者達に報ゆる所あらんと固く御決意の様に拝します。〔後略〕」

ここに描かれているのは、国民の苦難を日夜憂え、この惨禍を招いたのは自己の責任と苦しむ天皇の姿である。戦争へ傾斜していく時代の趨勢を止め得なかった非力を祖宗に詫び、国民にすまなく思い、身は皇居の中にあっても、心安まるときは一刻もない天皇の姿である。

そしてこれこそが、長官就任三ヶ月にして田島が目撃し、理解するようになった現実の天皇の姿であった。天皇の「真のお気持ち」を国民に伝えようと、田島はその後も度々努力するのだが、ついにこうした言葉が公表された形跡はない。

退位なされば、天皇個人としてはずっとお楽になるだろう。だが、問題山積の内外情勢は、それを許さない。天皇には「荊《いばら》の道」を歩んで頂く以外にない。その険しい荊に身を尽くして踏み入り、天皇の前に道を拓こうとしたのが田島であった。

芦田辞任、吉田内閣誕生

『芦田日記』と田島の「日記」を突き合わせて見る限り、芦田と田島の協力関係はうまくいっているようにみえた。だが間もなく終わりがくることを、九月二十二日という時点の田島は感じていたのだろうか。芦田はわかっていたかもしれない。六月一日に、西尾国務相が土建業者からの献金を受けたことを認め、七月六日に辞職。六月二十三日には、昭和電工日野原節三社長が商工省課長への贈賄容疑で逮捕され、「昭和電工事件」が始まっていた。九月の田島の「日記」には、芦田の名が連日のように出てくる。

「二十三日（木）秋季皇霊祭。×× 皇后、皇太后御代拝。御祭典参列。9・40－10・50 高松、三笠両宮、伏見妃、北白川妃、閑院、芦田、松平、松岡、徳川、沢田、田島、諸橋。三谷ト長官室ニテ昨日ノ問題懇談。11－12弁当。秋山ノマーマレード（煙草ト交換）持参、牧野伯ヲ柏《かしわ》ニ訪問ス、芦田申出ノ件、秩父様ノコト」

「二十四日（金）李王ノ件。次長、芦田総理、経済主管他議員談スル。田島陛下ニ申上グ。11・30－11・50 10辰野隆氏進講－11・30 午食ノトキ芦田申出ノ件、銀婚式ノコト、孝宮《たかのみや》ノコト etc。経済会議。2三ノ間」

「二十五日（土）三笠宮邸伺候《しこう》。御差遣《ごさけん》内願《ないがん》。三笠宮御文庫《おぶんこ》8・30。部局長会議10－12新

聞協会行幸ノコト。式部頭《しきぶがしら》ニ芦田ノ話、大バクチ云々、勅題ノコト」

何が「大バクチ」なのかは不明である。二十六日には、「(夜中ニ起キ　芦田へ返書認《したた》ム) 天皇ノ問題覚書」と最後に書いてある。

九月二十九日から十月五日まで「日記」に芦田の名は出てこない。十月六日には、「3閣僚茶会。芦田等」と短い記述がある。『芦田日記』の同じ日には、「三時に宮中にお茶の会に召されてゐる。今日は九人の閣僚がゐたが、案外朗かな空気であつた」と記している。

同じ六日の夜、芦田は夕食会を開く。「首相官邸　晩餐6・00－9・00朝香様ノ御相伴、田島、林、松平、三笠宮御帰京6・00頃。御機嫌伺ヒ出来ズ」と「田島日記」にはある。

一方『芦田日記』は、「今夜は朝香宮殿下と宮内府の三人(田島、松平康昌、林〔敬三〕次長)、加藤辰弥、山室宗文氏を招待して夕食。殿下は極めて上機嫌で八時四十五分まで御歓談」と記す。

これは、別れの宴であったのだろう。翌七日、芦田はマッカーサーに挨拶し、内閣総辞職。『芦田日記』の十月八日によると、午後七時シーボルト総司令部外交局長夫妻を夕食に招いているが、「G・H・Qは天皇退位に反対である様子」という記述がある。

こうして、吉田茂が新しい首相となる。

「退位せず」のメッセージ

私は二〇〇二年に田島道治の伝記『田島道治―昭和に「奉公」した生涯』（TBSブリタニカ　現・阪急コミュニケーションズ）を上梓し天皇の退位問題にもふれたが、それより二十四年も前に、この問題をめぐる一通の手紙が、秦郁彦拓殖大学教授（当時）によって発見されている。

昭和五十三年の晩春、マッカーサー記念館を訪れた秦は、マッカーサー夫人に会ったあと、その書簡を発見したのである。その部分を秦の『裕仁天皇五つの決断』（講談社　昭和五十九年）より引用する。

「夫人が去ったあと、館内に戻って『総司令官ファイル』の分厚い書類をめくっていたわたしは、何気なく取り上げた一枚のタイプ用箋に目を吸い寄せられた。

左肩にフランス語で『MINISTÈRE DE LA MAISON IMPÉRIALE DU JAPON』（日本国宮内省）と印刷され、差出人は田島道治宮内府長官、名宛人は連合国最高司令官マッカーサー元帥、そして日付は一九四八年（昭和二十三年）十一月十二日となっていた。

『陛下の御下命《ごかめい》により……以下のことをお伝えする』という書き出しを見て、わたしは体が震えるような興奮を味わった。それは、宮内府長官の署名になっているが、内容から見てまぎれもなく、退位中止の決断を告げる天皇の親書だったのだ。天皇の国事行為に関する文書はすべて『御名御璽《ぎょめいぎょじ》』が付されるのが戦前戦後を通じて変らぬ慣例だから、この『親書』は、形式からすれば天皇の私信と言った方がよいかもしれない。

ともあれ、噂として以前から耳にしていた天皇退位に関する文書がはじめて出てきたわけだが、この一通だけでは前後の事情がよくわからない。とくに親書自体が婉曲な儀礼的言いまわしで表現されているため、予備知識がないとうっかり読みすごしかねない」

そして背景を探るために、秦は綿密な調査を行う。この書簡はマッカーサーあてなので当然英語で書かれているが、秦訳の全文を引用しよう。

「連合国最高司令官　陸軍元帥

ダグラス・マッカーサー閣下

謹啓

天皇陛下の御下命により、本官は閣下に対し、天皇陛下からの次のようなメッセージをお伝えする光栄を有します。

『わたくしは閣下が過日吉田首相を通じてわたくしに伝えられたご懇篤《こんとく》かつご厚情あふれ

るメッセージに厚く感謝の意を表します。わたくしの国民の福祉と安寧を図り、世界平和のために尽くすことはわたくしの終生の願いとするところであります。

いまやわたくしは、一層の決意をもって、万難《ばんなん》を排し日本の国家再建を速《すみ》やかならしめるため、国民と力を合わせ最善を尽くす所存であります』

この機会に本官は、あらためて閣下に対し、心から敬意を表するものであります。

東京　一九四八年十一月十二日

宮内府長官　田島道治（署名）」

そして秦は、

「こうして、『天皇退位せず』の決定は、国民が誰も気づかない最高の国家機密として処理されたまま三十余年の歳月が過ぎた。

マッカーサーも死の直後に刊行された自伝で何も記さず、四巻の吉田茂回想録もこの件には全く触れていない。おそらく最も事情に通じていたと思われるこの二人が黙って死んだいま、問題の書簡が出るまでの機微に触れた経緯を語れる人は、天皇だけである。

だが、それを期待できぬいまの段階では、空白の部分はすでに紹介した関連文書による推理作業に頼るほかない」

と述べている。

この「国家機密として処理された」書簡について知っていた人物は、秦がいうように確かにマッカーサー、吉田茂、昭和天皇であった。だが、もう一人、〝差出人〟の田島道治がいる。田島家に遺された遺品の中を探してみると、書簡の下書きらしきものが出てきた。それは、縦十四・五センチ、横二十一・五センチの薄茶色のしみの浮き出た封筒に入っていた。

左上にフランス語で日本の宮内省、MINISTÈRE DE LA MAISON IMPÉRIALE DU JAPON と印刷され、中央にはマッカーサー司令官の名が General of the Army Douglas MacArthur, Supreme Commander for the Allied Powers, Tokyo とタイプされている。中には、三枚の紙が入っている。一枚目は赤罫の宮内府の用箋で、日本語。手書きだが、田島の筆跡ではない。それを引用する。

「陛下の命により左記を閣下に申進ずるの光栄を有します
『過日吉田首相より閣下の御親切なる伝言を拝し感謝に堪へません。世界平和と国民の福祉との為全力を尽くすことが自分の終生の念願であつて此際国民と共に万難《ばんなん》を排し日本再建の為の最善を尽し度《た》いと思ひます』敬具

宮内府長官

マッカーサー閣下」

これが最初の下書きだったのだろう。次に宮内省をフランス語で左上に印刷したやや厚いタイプ用紙に英文でタイプされたものがある。この英文を前の日本文と比べると、「陛下の命により」だけではなく、「陛下からの……メッセージを」とより長く丁寧になっている。また最後に、秦訳と同様に「この機会に本官は……」の部分が加えられている。そして、天皇のメッセージの出だしは、I am most grateful for the cordial greetings（お心のこもったご挨拶を頂き感謝に堪えません）とタイプされているのだが、その上部に手書きで、kind and considerate message（ご親切でお心のこもったメッセージ）と書き込まれている。どちらの表現にするか、考えていたのかもしれない。

三枚目はごく薄く茶色に変色したタイプ用紙に打ち込まれたもので、これは cordial greetings をペンで消し、kind and considerate message と手書きで記されている。この英語の筆跡は道治のそれに似ているが、断言はできない。そしてこの三枚目は、秦訳と内容が全く同じで、

「I am most grateful for the kind and considerate message your Excellency was good enough to send me by Prime Minister Yoshida the other day.」となっている。

日本語の原文には「伝言《でんごん》」とあるが、最初の英訳は greetings になっている。この単語では、ただの〝挨拶〟になってしまい、ひどくあいまいになる。それを message としたことで、やや具体的になったと言えるが、それでもこの手紙だけでは、マッカーサーから「退位しないように」とのメッセージがとどき、それに対して「退位いたしません」と天皇が答えた、とは断言し難い。

マッカーサーから吉田へ

ここで、退位しない方がいいとのマッカーサーのメッセージが吉田首相を通して伝えられたことに焦点を当て、吉田が首相に就任した以降の「田島日記」、十月、十一月分を探っていくことにする。

十月十七日、「神嘗祭《かんなめさい》。芦田議員GHQト吉田トノ話ノコトキク。侍従長ト12時頃懇談」とある。芦田の呼び方は、〝総理〟から〝議員〟に変わっている。「芦田からGHQと吉田との話について聞いた」というのだろうか。それとも、議員となった芦田がGHQと吉田との話について田島に質問したのかもしれない。ここでの話というのが退位についてかどうかわからないが、その後、田島は三谷侍従長と懇談している。

二十六日の田島は、総理官邸に吉田首相を訪問している。二十九日には午前十一時半に吉田が参内《さんだい》。「前日Mcトノ会見ノ結果、abナド決シテ然《しか》ルベカラズトノ彼ノ意見ノコトキク」とある。Mcはマッカーサーのこと、abはabdication（退位）の略である。マッカーサーが退位反対を吉田に表明したのは、前日の十月二十八日。そしてその意見を吉田が口頭で奏上《そうじょう》したのは翌二十九日であったことが「日記」からわかる。秦は「田島書簡」の〝過日〟がthe other dayとなっていることを理由に、マッカーサーのメッセージを吉田は書簡ではなく口頭で天皇に伝えたのではないかとしているが、その推測は正しかったことになる。袖井林二郎編訳『吉田茂＝マッカーサー往復書簡集（一九四五－一九五一）』（法政大学出版局　二〇〇〇年）を見ても、この時期に退位反対の〝メッセージ〟をにおわせるような手紙はない。やはり口頭で伝えたのであろう。

十月三十日の「日記」に戻ると、「三谷、御文庫ニテ拝謁。首相奏上ノ話アリ、当方モ首相ノ昨日の話ヲナス」と前日の吉田の奏上が話題になっている。

翌十一月一日の「日記」。

「朝、読売、藤尾正行記者来訪。Abdi〔退位〕ノコト。新旧文部次官挨拶。〔中略〕三谷官邸、御退位問題。長官、次長、侍従長、式部頭《しきぶがしら》」と、〝退位〟が引き続き問題となっている。

そして十一月十一日にマッカーサーのメッセージに対して返事をするようにと吉田が言い、田島は書簡の案文を作成する。この日の「日記」には二つの違う事柄が取り上げられているので、まず前半のみ引用する。

「吉田首相来訪。Mc ノ伝言ニ対スル書翰《しょかん》ノ件。侍従長ニ相談、案文作成。式部頭及次長ニモ話ス。案文ノコト、奏上御裁可《ごさいか》。御希望ノ点ハ首相迄《まで》トス。首相議会関係ニテアヘズ」と、ここで「田島書簡」の案文が作成され、天皇の許可を得ていることがわかる。ただしそれは、あくまで首相の判断によるもので議会は関係ないとのことで合意した。十一日に吉田に会えなかった田島は、翌十二日の朝、吉田の許可を得ようとする。

「朝八時、首相ヲ外相官邸ニ訪ヒ案文同意。訳文タノミ帰庁。用紙ヲ送ル。10　赤木博士御進講。1・30　刷新総会。総会中首相ヨリノ訳文×××トノコト。次長来ル　帰リテ侍従長、式部頭熟議《じゅくぎ》ノ上、訂正。黒田氏五時 Bunker ニ手交ス」

マッカーサーのメッセージに対する「田島書簡」の案文は訳され吉田が眼を通し、訂正箇所を指摘し、その日の五時、GHQでバンカー副官に手渡されたのだった。田島の遺品の中にあったのは、案文の方である。手書きの訂正が入っているし、差出人の名前と田島の肩書きは、Michiji Tajima　Grand Steward of Imperial Household と入っているが、署名はない。天皇の許可を得るために、手書きの部分を直した最終稿を作り上げ、許可を得てから田島がサインをしたのであろう。「田島書簡」作成の経緯は、「日記」を丁寧に読むことによりはっきりと見えてくる。

退位問題についての昭和天皇ご自身の言葉を伝えているのは、徳川義寛『徳川義寛終戦日記』（朝日新聞社　一九九九年）である。この中には昭和四十三年四月二十四日に、稲田周一侍従長に語った要旨を記したものがあり、退位をはっきりと否定する天皇の言葉が記されている。つまり、祖先から受け継いだ国を子孫に伝えるのが任務であり、苦難に堪え日本再建に尽くすべきである。その部分を引用する。

「わたしの任務は祖先から受け継いだ此の国を子孫に伝えることである。」「わたしは明治天皇の思召《おぼしめし》に鑑《かんが》み、苦難に堪えて義務を果す方が国家に忠を尽すことになると思う。熟慮の上、苦難に堪え日本再建に尽す決意である。〔中略〕その他、東京裁判の頃にマッカーサー元帥から退位はなさらないでしょうねと聞いて来た時、三谷〔隆信・侍従長〕・田島〔道治・宮内庁長官〕と相談して、退位しないと答えさせたことがある。今退位すると言っては信義にもとることになる。以上二つの理由から退位しない方がよいと思っている」と、マッカーサーからの〝メッセージ〟の内容が明らかにされている。田島道治が greetings を message と直したのは、より正確を期したのであろう。マッカーサーの言葉は単なる質問ではなく、〝退位はしないように〟という強いすすめであったのであろう。

東京裁判判決にそなえて

昭和二十一年五月に始まった東京裁判の法廷は、二十三年十一月十二日に、いわゆる〝A級戦犯〟に対する判決が下る。

前日の十一月十一日の「日記」の前半は、すでに引用した。田島はマッカーサーへの書簡の案文を作り、天皇の御裁可を頂き、吉田にみせようとするが、議会関係のために会えなかった。そして五時には、田島は三谷侍従長邸へ赴く。以下の部分が「日記」の後半である。

「5侍従長邸－9東京裁判関係案文ヲネル。四人ノ外、式部頭ト総務課長侍従長案ヲ主トス、一応デッチ上ゲノコトトス。」

東京裁判の判決について、何か、〝侍従長案を主とした〟声明を用意していたようである。外国事情にくわしい元外交官の三谷侍従長を中心としているのだが、「一応デッチ上ゲノコトトス」とは、あまり熱心ではないようにみえる。それとも、急な話であわてたのだろうか。

田島の遺品の中に縦三十二センチ、横二十八・五センチのよれよれになった古い茶封筒があり、表に「東京裁判前後　重大問題調書及書翰写《うつし》」と朱色で書かれている。筆跡が違う六通の手書き草稿が、この封筒から出てきた。田島筆蹟の「極東軍事裁判の判決確定に際し、我等は過去十数年間の国の歩を顧み更《あらた》めて反省を深くせざるを得ません」で始まる一通以外は、誰が書いたのかはわからない。

この六通が、東京裁判判決後に、内閣総理大臣のステートメントという形で発表されるものの草稿であることは、「参内後の総理談話発表案」、「政府発表総理談案」、「内閣総理大臣談」などの題がついていることからもわかる。だが、実際に発表された形跡はなく、十一月十二日金曜日付の「日記」には、簡単に、「此ノ日午後判決言渡シアリ」とのみ書かれている。前述したように、この日は、マッカーサー宛ての「天皇退位せず」の「田島書簡」が手渡された日であった。

「謝罪草稿」の発見

問題山積の昭和二十三年も最後の月に入った十二月一日（水曜日）の「日記」には、前後の関連の全くない、「11・30　陛下 Memoir」という一文がいきなり出てくる。就任してすぐに渡された「回想録」のことか、田島が個人的につけているメモのことか。それとも田島家で発見されたある重要文書に関係があるのだろうか。

その重要文書は全く偶然に見つかったものだった。

田島の伝記が刊行され一段落してから、田島家への資料の返却が始まった。書籍などは宅配便で送り、手書き文書は手渡しした。ある日、本書の監修者と著者が文書の整理をしていたとき、重なっていた封筒や書類の間から、二葉の薄茶色に変色した紙をみつけた。縦二十五センチ、横十八センチ、しみのついた「大日本育英会」用箋。十四行縦線の入った用紙二枚に十九行、五百六文字が、万年筆による田島の手書きでしたためられている。

冒頭の〝朕《ちん》〟の文字に驚愕し、「これは、何でしょう？」「これは天皇ご自身のお言葉ですよね。私もこういうものがあるとは知りませんでした」と、その時二人が交わした会話は、昨日のことのように記憶している。その全文を掲載する。

「朕《ちん》、即位以来茲《ここ》ニ二十有餘年《ゆうよねん》、夙夜祖宗《しゅくやそそう》ト萬姓《ばんせい》トニ背《そむ》カンコトヲ恐《おそ》レ、自《みずか》ラ之《こ》レ勉《つと》メタレドモ、勢《いきおい》ノ趨《おもむ》ク所能《ところよ》ク支フルナク、先ニ善隣《ぜんりん》ノ誼《よしみ》ヲ失ヒ延《ひい》テ事ヲ列強ト構ヘ遂ニ悲痛ナル敗戦ニ終リ、惨苛今日ノ甚《はなはだ》シキニ至ル。屍《しかばね》ヲ戦場ニ暴《さら》シ、命ヲ職域《しょくいき》ニ致シタルモノ算《さん》ナク、思フテ其《その》人及《および》其遺族ニ及ブ時寔《まこと》ニ忡怛《ちゅうだつ》ノ情禁ズル能《あた》ハズ。戦傷ヲ負ヒ戦災ヲ被《こうむ》リ或《あるい》ハ身ヲ異域《いいき》ニ留メラレ、産ヲ外地ニ失ヒタルモノ亦《また》数フベカラズ、剰《あまつさ》ヘ一般産業ノ不振、諸價《しょか》ノ昂騰、衣食住ノ窮迫等ニヨル億兆塗炭《とたん》ノ困苦ハ誠ニ國家未曾有《みぞう》ノ災殃《さいおう》トイフベク、静ニ之《これ》ヲ念《おも》フ時憂心灼《ゆうしんや》クガ如シ。朕ノ不徳ナル、深ク天下ニ愧《は》ヅ。身九重《きゅうちょう》ニ在ルモ自ラ安カラズ、心ヲ萬姓ノ上ニ置キ負荷ノ重キニ惑《まど》フ。

然《しか》リト雖《いえど》モ方今《ほうこん》、希有《けう》ノ世変《せいへん》ニ際會《さいかい》シ天下猶《なお》騒然タリ　身ヲ正シウシ己《おの》レヲ潔クスルニ急ニシテ國家百年ノ憂《うれい》ヲ忘レ一日《いちじつ》ノ安キヲ偸《ぬす》ムガ如キハ眞《まこと》ニ躬《み》ヲ責ムル所以《ゆえん》ニアラズ。之ヲ内外各般ノ情勢ニ稽《かんが》ヘ敢《あえ》テ挺身時艱《ていしんじかん》ニ當《あた》リ、徳ヲ修メテ禍《わざわい》ヲ嫁シ、善ヲ行ツテ殃《わざわい》ヲ攘《はら》ヒ、誓ツテ國運ノ再建、國民ノ康福ニ寄與《きよ》シ以《もっ》テ祖宗及《および》萬姓ニ謝セントス。全國民亦《また》朕ノ意ヲ諒トシ中外ノ形勢ヲ察シ同心協力各《おのおの》其天職ヲ盡《つく》シ以テ非常ノ時局ヲ克服シ國威ヲ恢弘《かいこう》センコトヲ庶幾《こいねが》フ」

「憂心灼クガ如シ」「朕ノ不徳ナル、深ク天下ニ愧ヅ」などの言葉遣いの厳しさ、強さ。〝恥《は》じる〟〝羞《は》じる〟などの漢字の中でも、「愧じる」は一段と激しい。次に現代語訳をのせる。
〈即位以来二十余年、始祖以来の代々の天皇と国民に背くことのないよう日夜勉めてきたが、時の流れを変えることができず、善隣との友好を失い、列強と戦い、遂に悲痛なる敗戦に終り、今日の如き甚だしい惨禍を招くに至った。屍を戦場に暴し、また職場で命を落とした人々は数えようもなく、死者とその遺族に思いを致すとき、真に心痛の思いを禁じ得ない。また戦傷を負い、戦災を被り、あるいは異国の地に抑留された人達や外地で財産を失った人々も数え切れない。その上一般産業の不振、諸物価の高騰、衣食住の窮迫などによる数えきれないほど多くの人々の塗炭の苦しみは、まさに国家未曾有の災いというべきである。静かにこれらを考えるとき、心配の炎は身を灼《や》くようである。身は皇居内にあっても心は安からず、国民のことを思うとき、その負荷の重さに途方にくれるばかりである。

しかしながら現今は希有の激変期にあり、世情は騒然としている。自分一人を正しく潔くすることを急ぐあまり、国家百年の憂いを忘れ目先の安らかさを求めることは、真に責任をとることにはならないと考える。内外の情勢を鑑み、敢えて身を挺して艱難に立向い、徳行を修め善行を積み禍を払って、国運の再建と国民の幸福に尽くすことにより祖宗と国民に謝罪しようと思う。全国民もまた、朕の意を諒とし、内外の形勢を察し、心を合わせて協力し、それぞれの天職に尽くすことによってこの非常時を克服し国威をひろめることを心より願う〉

この二枚の草稿は、『文藝春秋』二〇〇三年七月号に、加藤恭子「昭和天皇　国民への謝罪詔書草稿―封印された詔書草稿を読み解く」として発表された。その後、〝詔書〟は〝詔勅〟とすべきとの専門家たちのご意見を入れ、同年十二月に『昭和天皇「謝罪詔勅草稿」の発見』が文藝春秋から発行された。

前に紹介した九月二十二日付「日記」の天皇留位が決まった後の「長官談話」とある文書の下書きと、この文書の文章は、驚くほど似ている。前者は田島が長官としての自分の言葉で語るものであり、後者の主語は天皇である。どちらからも、この戦争がもたらした惨害は自らの不徳によるものと自分を責め、国民に詫びる天皇の姿が浮かび上ってくる。そしてこれこそが、田島をはじめとする側近たちが日々接した天皇の姿であり、田島が是非とも国民に伝えたいと願った「真のお気持ち」であったのだろう。

「草稿」の用紙が、田島が宮内府長官に就任する直前まで務めていた大日本育英会の用箋であることから、田島が勝手に書き上げたのではないかという説を唱える人もいる。

しかし当時の物資窮乏の様子がどのようなものであったかを考える必要があろう。昭和二十年三月十日と四月十三日のB29空襲により、東京市内は広い範囲で焼野原となっていた。皇居（当時は〝宮城〟）にも何回か焼夷弾が落され、五月二十六日には警視庁方面からの飛び火によって、宮殿や大宮御所などは焼失した。両陛下は、吹上御苑《ふきあげぎょえん》の防空施設「御文庫」で暮らしておられた。焼け跡生活の食料も物も乏しい中、田島が使った紙が「育英会」のものであったとしても不思議ではない。

また、このような重大な文章を、宮内府長官の独断で書けるものではない。しかも「朕」で始まる詔勅に至っては、たとえ田島がその必要性を信じていても、天皇の命なしに筆を執ることはできないことだ。明治生まれで、皇室への敬愛の念が強かった硬骨漢の田島が、天皇にご相談せず、こうした重要文書に着手する僭越をおかすとは考えにくい。この時期にこそ、天皇謝罪の気持ちと留位の決意を国民に伝えけじめをつけることが必要と、天皇と田島の意見は一致をみたのではないだろうか。

そして〝この時期〟とは、東京裁判の判決が下る頃、つまり昭和二十三年の秋から冬にかけての時期と考えられる。

「日記」には、この文書作成をにおわす記述は一切ないのだが、その存在について明言する人物がいた。共同通信社・橋本明記者（当時）の書いた興味深い記事、「封印された天皇の『お詫び』」（『新潮45』一九八七年一月号）は、当時、天皇に仕えていた村井長正元侍従の談話をのせている。肋膜炎で長期休暇をとった村井は、「〔前略〕再出仕して間もなく田島長官、林敬三次長より呼び出しを受け、事情聴取ぶくみの対話場面が持たれる。二十三年七月ごろのことだった。」。田島の「日記」の七月分には村井の名は出てこないが、八月十六日付には「村井侍従ニアフ」とある。十一月十二日のA級戦犯二十五被告に対する判決と、十二月二十三日の七戦犯処刑の両日とも、村井は宿直当番だった。

「その十一月十二日、村井は陛下に要件を伝える用事があったため御座所《ござしょ》のドアを開けた。『陛下は眼を泣き腫らして、真っ赤な顔をしておられた。生涯忘れられないお顔である。私は恐れおののき、視線を落とし、二度とそのような陛下を見まいとして要件だけ述べ、顔を伏せたままドアを閉めた』と村井は思い出を語る」と、橋本は書いている。

村井は翌年、辞表を胸に田島長官の部屋に乗り込んだと、橋本は二人の会話を続ける。

「村井〔中略〕お上はそのお立場から、現在のご苦悩をそのままけじめとされ、内外に陳謝の姿勢を表わすべきです。〔中略〕世界に、アジアに、日本に詔書渙発《かんぱつ》の形でけじめを発表しなくてはなりません。〔後略〕

田島　村井さん、私はやりましたよ。実は君と同じことを感じています。陛下のお気持ちは、分かっている。村井さん、私は書きました。詔書の文案を書いたのだ」

そして、橋本は二人のやり取りの場面をこう締めくくっている。

「陛下はけじめをつけようとされ、田島長官に詔書案をまとめるよう下命された――。重大な事実に圧倒されて、村井は最早、質問も続行し得ず、田島長官もまた、その日時、詔書案の行方を語らず、二人は別れた」

村井は宮内庁退官後も、この「謝罪詔勅草稿」のことが忘れられず、田島の死後も宮内庁関係者たちの間を訊ねて歩く。しかし三谷隆信、宇佐美毅、鈴木一、林敬三、黒木従達などのいずれもが、「謝罪詔勅」について「知らない」と答えるか、村井の問いかけを無視したという。

田島家で発見された文書こそ、田島が村井に「私は書きました」と認めた「謝罪詔勅草稿」ではないだろうか。村井長正は日本大学で倫理学の教授を務め、平成九年に死去している。

十二月二十三日は、皇太子の誕生日である。まさにその日に、マッカーサーは東条英機以下七戦犯の処刑を実行した。昭和天皇のお苦しみについては村井侍従が語っているが、

「日記」は一切触れていない。引用する。

「二十三日（木）小金井へ拝賀。3－5帰途山梨大将、話題、英語、鴨猟、Blyth、鈴木大拙。10・30両陛下へ拝賀。皇族、皇太子御使、長官等四人、旧奉仕者、侍従職　食堂×（赤飯ト煮〆《にしめ》御酒）12－2総務課長、次長ト話。盛厚王ト会見。日銀訪問ノコト、来訪、京ト吉住技官。陵墓監《りょうぼかん》等、福田××」

昭和二十年八月十五日の敗戦以後、連合軍最高司令官マッカーサー元帥は、日本の体制を根本的に変える指令を次々に発していた。日本が大変動の時代を迎えて、わずか三年。東京裁判の判決も下され、絞首刑の執行も行われたこの昭和二十三年のその日を、田島道治の「日記」は、少なくとも表面上は、平穏に閉じている。

第二章

秩父宮事件の真相

〈昭和二十四年の日記〉

小泉信三を口説く

昭和二十三年からこの年、昭和二十四年にかけて田島が最も熱心に取り組んだことの一つは、当時、十五歳になる皇太子の教育問題であった。今まで東宮大夫《とうぐうだいぶ》だった穂積重遠《ほづみしげとお》は退任し、昭和二十四年二月に最高裁判事に転出、野村行一東宮職御用掛《ごようがかり》が東宮大夫となる。慶應義塾大学の塾長であった小泉信三は、昭和二十一年四月から東宮御教育参与になっていた。

だが田島は、小泉を皇太子教育の最高責任者の東宮御教育常時参与《じょうじさんよ》に就任させようと考えていた。小泉のような人間こそ皇太子のお側に、というのが田島の信念であった。この考えを実行に移そうと田島が動き出したのは、就任のわずか一ヶ月後のことであった。話を二十三年へ戻すこととする。

昭和二十三年七月二十三日の「日記」によると、まず「東宮大夫になって頂きたい」と小泉家を訪問している。

「二十三日（金）小泉氏訪問。東宮大夫ノコト10・50－12・30。長官引受、経緯、東宮教育ノコト、穂積氏ノコト、安倍ノコト、天野ノコト、Purge 学説ハ既ニ譲歩。残ルハ健康ノコトトシテ熟考ヲ約ス。〔後略〕」

「熟考する」との約束をもらい、田島は帰る。だが、七月三十一日にはもう返事がとどく。その日の「日記」。「小泉使、断リ手紙。2・00小泉訪問（×速××）後、出状。アキラメズ」は、小泉の使いが「断り」の手紙を持参したが、二時には逆に小泉を訪問して説得を続け、さらに「あきらめない」と手紙を出している。

八月十九日の「日記」。

「3－4・20　大宮御所伺候。コーヒ二杯××。野菜賜ハル。小泉氏ヨリマルクスノ本。返事出ス。又モタノム。九条件イフ。返事アリ断ルトノコト」

ここに出てくる「九条件」とは何のことかわからないが、またもや小泉は断わっている。二十一日には幣原《しではら》内閣の国務相松本烝治を訪ね、小泉について、

「松本烝治先生訪問5・21－6・30。返書ヲ見セテ小泉問題話ス。私×稿ノ問題ト慶応ノ論文ノタタリ心配トノコト。東宮職ト健康ハ釣合トレルト思フ」

と相談している。八月二十八日には、三谷侍従長と小泉のことなど話し合ったあと、「1・48品川発－池田成彬《しげあき》氏訪問。小泉問題、参内問題、退位問題」。慶應出身で三井財閥の大立者であった池田成彬（元日銀総裁）を訪ね小泉問題や退位問題を話し合っている。

麻布永坂の家が戦災で焼失したあと、池田は大磯に住んでいた。なかなか承諾しない小泉を、どう口説き落とすか。田島はこれと思う人々の助けをかりて、多方面から攻めていく。昭和恐慌時の休業銀行の吸収合併、約八十七万件の口座の処理などで発揮した田島の〝仕事師〟としての一面がここでものぞく。次に九月二日の「日記」。

「11－12御召《おめ》シ。賀陽宮《かやのみや》ノコト、（出光ハイハズトノコト）断ル方ヨシトノ御意見。小泉ノコト、牧野伯全力トノコト、×××ノコト、仁徳帝ノコト、勅旨《ちよくし》ハ恐レ多シトイフ。本人意思ノ為ニ第二位天野〔貞祐〕ノコトモイフ」。天皇とも小泉のことを話し合い牧野伸顕が全力で協力するとのこと。

九月六日は、「午後、小泉氏訪問。其後ノ経過有《あり》ノ儘《まま》報告ス。カラダヲヨクスルコトニ力《つ》トメマストノコト」とある。

九月二十二日は、「10・30　小泉博士御進講－福沢諭吉ノ話－12・00」となっている。

九月二十三日には、牧野伸顕を訪ね〝小泉問題〟も相談している。

「11－12弁当。秋山ノマーマレード（煙草ト交換）持参、牧野伯ヲ柏ニ訪問ス、芦田申出ノ件、秩父様ノコト、小泉ノコトetc」

二十九日は、また「小泉進講」である。翌三十日には、三時から一時間半、ヴァイニング夫人と三谷侍従長を交え、小泉のことも含めて話し合っている。

「3 Vining 夫人－4・30 Dr H ノコト、侍従ノコト、Moral Backbone ノコト、侍従長ト小泉ノコト、御殿場ノコト、三笠宮ノコト、etc 話ス」

昭和二十一年から四年間、皇太子の家庭教師をつとめたエリザベス・グレイ・ヴァイニング（Elizabeth Gray Vining）とは、「日記」によれば、田島の就任一ヶ月後の昭和二十三年七月一日に初めて会っている。それより先の六月二十九日には「夜 Vining 書類ヨム」と出てくる。

彼女は、著書『皇太子の窓』（小泉一郎訳、文藝春秋　一九五三）の中で、田島の初対面の印象を記している。

田島は人からすぐに信頼される人物、やや四角い顔でまっすぐに鋭く人を見る。率直で、ときにはそっけない態度、顔中にひろがる微笑など、好意的な描写が並ぶ。英語はさびついていたが、何ヶ月かで上達したそうである。最も重要なのは、「彼は爽やかな風をもたらし、今まで閉じていた幾つかのドアを開いた」という箇所であろう。皇太子の教育に関して、田島とヴァイニングは共に熱心に取り組み、良好な関係が続くことになる。

さて〝小泉問題〟へ戻ると、昭和二十三年十月六日の「日記」には、「10・30　小泉進講。〔中略〕御座所《ござしょ》へ小泉御召《おめ》シ、侍従長侍座《じざ》、東宮ノコト」と、天皇が直接に小泉と皇太子について話し合っておられる。

十二月十日付の「日記」は、「4－4・15拝謁。十三日ノ会ノ件　其他東宮ノ件。西洋人ノ意見、宮様ノ意見、小泉以外物色《ぶつしょく》セシヤ」と、天皇に拝謁したときの内容が記されている。天皇は小泉のほかも探してはどうか、と言われたのかもしれない。「十三日ノ会」というのは、その日に行われることになっている「東宮顧問等教育御前会議」のことであろう。

十二月十一日の日記。「10・15－10・30拝謁。小泉スパルタ的ナラズヤ。no ト奉答ス」。「小泉のやり方はスパルタ的ではないのか？」と天皇がおっしゃったのに対し、田島は「そんなことはございません」と答えている。

十二月二十日「3・30－4・45　小泉氏訪問。断念ノ外ナキカト思フ」と、小泉を訪問した田島は悲観的になっている。二十八日に、もう一度訪問。そして大晦日《おおみそか》には、池田成彬にまた頼みに行っている。

「11・50発ニテ大磯池田氏訪問ス。小泉氏ノコト、孝宮《たかのみや》様ノコト〔後略〕」と、こうして〝小泉問題〟で暮れる。昭和二十四年に入って、一月八日には林敬三次長が小泉を訪問。

十三日には「池田氏来訪。小泉ノ件ダメ。但シ妥協案提示アリ」とあるが、どういう妥協案かはわからない。だが一月十七日に、田島はまた小泉を訪問している。

「11－12小泉氏訪問。野村行一ヲ表面ニ立テ、後見役ハ引受ケルトノコト。野村氏ヲ東宮侍従長ノミトセズ大夫モ兼ネルコトヲ希望」と、これが十三日に出てきた〝妥協案〟なのであろう。そしてその日の夕方には吉田首相（外相兼務）を外相官邸に訪ね、小泉についても話している。十八日には一時三十五分に山梨勝之進元海軍大将を訪問し、「小泉・野村チームノコト、大賛成。夕食ヨバレ、帰宅九時」と元学習院長で昭和天皇の「人間宣言」にもかかわった山梨の諒解もとっている。

十九日、「三谷ト東宮教育、Viningノコト、小泉ノコト話ス」。二十日、「3－4 Viningト話ス。東宮様御教育ノコト、自分ノ案行ハレヌモ不平ナシトノコト。野村・小泉極秘ノコト」。

二十七日の朝八時から九時十分まで野村行一東宮職御用掛と「穂積ノコト、小泉ノコト、Viningノコト」を話し合い、二十九日には「正午発（風気《かぜけ》ニテ自動車用ヒ）大磯　池田氏訪問。吉田氏ノ人選ノコト、小泉氏ノ具体案、五時半頃帰宅」と、どうしても小泉に受諾させるための運動が続く。

二月四日にも小泉を訪問する。「此際大夫侍従長×××トノコト」。次いで六日の日曜日には「9－12　野村行一氏　東宮人事ノ件懇談。〔中略〕（野村、小泉氏午後訪問）」と、何度も小泉訪問を続けている。

二月十日に「私宅へ野村行一来リ承諾ス」とあるので、東宮侍従長だけでなく東宮大夫も兼任することを、野村が承知したのではないだろうか。翌十一日に穂積東宮大夫は辞職する。十四日には「2・11発、大磯ニテ下車池田氏訪問。〔中略〕東宮職ノコト」とまた池田と話している。二十四日に「小泉ニ電話」とあるが、これは二十六日の式の打ち合わせなのかも知れない。というのは、「日記」には出てこないが、小泉はすでに常時参与就任を承知していたのだ。二十六日の「日記」には、「穂積認証式。大夫辞令、参与辞令渡ス。新旧大夫ノ順序。両陛下別々起立拝謁。小泉ハアトデ両陛下同時ニ椅子ヲ頂キ拝謁」と、三人の就任式が同時に行われたことが記されている。穂積重遠の最高裁判事就任と、この日、穂積の後任として、東宮職御用掛御教育主任の野村行一が東宮大夫に、元慶應義塾大学塾長、小泉信三が東宮御教育常時参与になった。

「日記」は小泉について「参与辞令」としているが、参与にはすでに昭和二十一年になっているので、正確には「常時参与」であり、より皇太子の教育全体にかかわることになった。どうしても小泉を皇太子のお側にという田島の熱意、執念の成果であった。

皇室を守る同志たち

ここに至るまで、「日記」による小泉訪問は九回である。昭和二十三年七月二回、十二月三回、二十四年一月二回（一回は次長が代理）、二月が二回であった。手紙は二十三年の七月と八月に一通ずつ。小泉の自宅以外で会ったり、彼について話したりした回数は二十三年八月から二十四年二月にかけて二十二回。実際にはもっと多いかもしれない。

昭和四十一年五月十一日に小泉が急逝したあと、田島は『心』（昭和四十一年七月号）の「小泉君を憶《おも》う」と題した追悼文の中で、次のようにのべている。

「ここに至るまでに筆者が十四回故人を訪問したと彼女に語ったと、ヴァイニング夫人の『皇太子の窓』という日本に関する最初の著書にあるので、この文を書くにつき念の為め日記を調べたが、日記には九回しか載っていない。あと五回は手紙を出したのではないかと思うが、何《いず》れにせよ、筆者が精魂込めた執拗さであったことは否《いな》まないし、筆者の大先輩で故人の義兄たる松本烝治先生や、故人と共通の先輩で共に尊敬措《お》く能《あた》はぬ故池田成彬さんの力まで煩《わずら》はしたことによつても明らかである」

文中に出てくる松本烝治や池田成彬も、他の〝同志〟たち同様、「皇太子のお側に本物の人間を」と、小泉説得に熱心に動いた人々であった。ことに池田成彬は小泉の大学の先輩で、慶應義塾大学評議員会議長をつとめ、塾長の小泉を支えてきた。高齢の池田の度々の来訪には、小泉も心を動かされたに違いない。それを田島は見通していたのだろう。今村武雄『池田成彬伝』（慶応通信株式会社　昭和三十七年）には、次のような記述がある。

池田が大磯からはるばる上京し、小泉を訪れて説得し、その足で都電に乗り、坂下門をくぐり宮内庁を訪れて、田島長官に「小泉君は承知した」と報告、田島が用意させた乗用車を固辞して、テクテクと坂下門を出て、東京駅の方へ歩み去ったという。

この場面は、田島自身の晩年の面影と重なる部分がある。宮内庁を退官した田島は、昭和三十六年九月に三つめの「明協學寮」を高輪に開いた。麻布の自宅から都電で寮を訪れた。生涯『論語』の学徒だった田島は、月に一、二回は論語の講読。そして月に一度は例の「第一級の人物と話す会」があった。この時期は、ちょうどソニーの会長時代と重なる。ソニーは田島に運転手つきベンツを提供していたが、田島は私用には決して使わない。講師はハイヤーで帰って頂き、田島は徒歩と都電で帰る。寮生たちは高齢の田島を心配し、みつかると怒られるので、こっそりと後からつけて行った。夜道を都電と徒歩で帰るソニ

ー会長。元寮生たちは、

「田島先生はいつも、歩いてご自宅までお帰りでした。教育者ですから、タクシーなんて使いません」

と、明言するのである。

前述の『心』で、田島は次のようにも述べている。

「故人との交誼《こうぎ》は東宮様を中心としたものであり、将来天皇たるべき方は如何なる心構で、如何なる教養を積まるべきかを折にふれ時に臨み常に肝胆《かんたん》を吐露《とろ》しあい、末端の小異はあるも大本《おおもと》に於《おい》ては同一意見に落ち付きを見、これにつれて両者の友情も亦《また》深きを加えて行つたように思う」

常時参与の就任後の小泉信三の貢献は、広く知られている。そして田島と小泉、二人の協力関係は、皇太子のご教育問題、そしてやがて皇太子妃の選考も含み、ずっと続くことになる。

御巡幸の再開

昭和二十一年、二十二年に行われた天皇の地方巡幸は、二十三年には中止されていた。

東京裁判の判決や刑の執行が理由とも言われている。再開のきっかけは、二十四年一月十日の天皇のマッカーサー訪問である。その日の「日記」。

「Mc御訪問。御文庫9・30集合10・05発。10・15 Mc邸着。Bunkerト三谷ト Mc書斎ニ待ツ。11・40還御《かんぎょ》昼食後、寺崎ヨリ三谷ト共ニ会談模様キク。御召シ。聖ルカノコトト御巡幸ノコト（Mcノ言）」

通訳をした寺崎英成から田島と三谷侍従長に報告があったが、後に直接天皇からもお話があった。聖路加病院と天皇の巡幸について、マッカーサーは発言したらしい。詳細はわからないが、〝旅する人〟と言われた聖ルカのことでも話したのだろうか。二十三年は巡幸がなかったので、再開してはということだったのであろう。

それを受けた田島は、一月十七日に吉田首相を外相官邸に訪問、巡幸再開について話し合う。

三月三十一日の二時半から三時、「吉田総理ト会見。御巡幸ノコト、予算ノコト」と「日記」にはある。この日は附記が下方に書かれている。

「陛下Mc共ニ御希望アリ。別ニ御妨《おきまた》ゲスルコトモナシ。御願《おねがい》スルコトニテヨシ。但シ九州ハtest。コレデ残余全体御願スル意ニアラズ。〔中略〕九州ハMc責任トイフヲ吉田責任トイヒシトノ話」

この部分の意味は明瞭ではないのだが、天皇とマッカーサーが希望なら九州の話を進めてもよい、と吉田は田島に言っているのだろう。だが九州はテストであって、これで残り全部への巡幸を御願いするわけではない。ここまでは吉田の言葉と思われるが、最後の一行は、マッカーサーと吉田のやりとりなのだろうか。「……トイヒシトノ話」なので、田島は二人の人物の会話を聞かされている立場にいるということになるのだろう。マッカーサーに吉田が会ったとき、「九州御巡幸は（あなたが言い出したのだから）あなたの責任ですね」と吉田が言ったところ、マッカーサーは、「いや、それはあなたの責任ですよ」と吉田に言ったということか。

四月二日に田島はバンカー副官を訪問し、九州巡幸の打ち合わせを行っている。

五月十七日、吉田たちに見送られて、九州巡幸が始まる。六月十二日までの長旅である。

「17日（火）九州御巡幸、駅ニハ、首相、両院議長、運輸相、厚生相、御見送リ。車中拝謁、都正知事、名鉄局長、滋賀、京都、愛知知事、岐阜副知事。侍立《じりつ》ハ、侍従長ト交代。沿道歓迎多シ。京都駅ヨリ御所迄《まで》ハ相当熱烈。夕食久シブリノ明石鯛、関西料理美味。大宮御所拝謁ハ京都府議長、市長代、市会議長、大阪知事議長、吉井勇、谷崎〔潤一郎〕二氏。一般天機《てんき》奉伺《ほうし》記帳相当アリ。夜、飛鳥井来室。朝倉未作名デ駅ニテ松花堂羊羹二本入一箱クレル。京都ニテタベル」

その間、吉田は田島に度々連絡をとっている。五月二十一日は「天機奉伺。首相」、二十二日には「首相天機奉伺ハ御手紙」と気を配っている。二十七日の「日記」。

「曇九時発。諫早《いさはや》奉迎場ニテ赤旗一本アリ。若者苦笑シテ持テリ。其近クニ祖国連盟ノ万古天皇ノ旗アリ。」

二十九日「首相ニ返事書き内閣使者に托す」、「総理より手紙の趣奏上す」とひらがなが交じる。六月八日も同じ。十日には「八幡ニ着キ首相ニ電報」と、連絡を取り合っている様子が窺える。赤旗による抗議、お召し列車のわたる橋の爆破の噂など不穏な事態への警戒、十一日の「危害ニ対スル供奉員《ぐぶ》ノ注意ヲ申合セ……」、「夜オソロシキ夢ヲ見ル」のように、田島にとっても吉田にとっても、再開された巡幸は緊張を強いられるものであった。

昭和二十四年六月十三日付の「毎日新聞」は、「御召列車妨害か　山陽、東海道線等で線路に石」と題する記事をのせている。現在では考えられないほどの危険をはらんだ旅であったのだ。六月十二日に帰京すると、翌朝田島は総理官邸に名刺を残し、夕方にはバンカーに九州巡幸の報告を行っている。

天皇の巡幸がどう決められるのかについては、「日記」は何も触れていない。ただ「日記」とは別に、「田島長〔官〕とシーボルト外交局長との会談大要」と題した「宮内庁用箋」十二枚の書類が田島の遺品の中にあった。会談の時日は、昭和二十六年十月一日、午前十一時五十五分－午後十二時四十五分となっている。二人の会談を誰かが手書きで書いたもので、一枚の用箋には十三行の縦線があり、一行の文字数は約二十五字である。

一九〇一年に生まれたウイリアム・シーボルトは、アメリカ海軍兵学校を卒業後、一九二五年から三〇年にかけて語学将校として日本に滞在したこともある知日家だった。戦争中は諜報部の太平洋課長、戦後はGHQの外交局長、対日米国政治顧問、対日理事会議長などを兼務。マッカーサーと後任のリッジウェイの両最高司令官を知る外交官として、対日平和条約、日米安全保障条約成立に努めた。

この「会談大要」の中でわかるのは、日本側でいつどこへ行きたいかと計画を立て、バンカー大佐を通してマッカーサーの同意を求める。そして具体的な日程がきまると、政治局のネーピア中佐を宮内庁次長が訪問して諒解を得る、という手順である。

昭和二十四年六月一日から、〝宮内府〟は〝宮内庁〟になっていた。そこで田島は初代宮内庁長官ということになるのだが、「日記」には何も書かれていない。

この変更は宮内府法改正によるもので、占領開始後、GHQが行ってきた皇室改革の一端であった。皇室財産整理にともない、御料林の国有財産への移管などが行われ、独立した省であった〝宮内省〟は、昭和二十二年五月三日に、〝宮内府〟と変わり、定員も千四百五十二人となった。GHQからの人員は、終戦直後の六千人あまりの規模からみると、約四分の一の縮小である。GHQからの圧力は続き、千六十一人にさらに減らされた。そして、この六月一日、〝宮内府〟は廃止、総理府の一外局である〝宮内庁〟となったのだった。人員も九百六十七人ないし九百二十八人となった。人数は資料によって差がある。

皇室財産のほとんどを失ったとなると、宮中にも〝改革〟が必要となってくる。人員整理の他にも種々の無駄を省くことは、GHQからの圧力をかわすだけでなく、皇室財産解体後の皇室経済を立て直していくためにも必要で、銀行家の田島は腐心しなければならなかった。

占領軍、秩父宮に怒る

GHQの皇室改革の一部として、皇室財産の整理が行われたことはすでにのべたが、経済的に皇室を支えていくために、田島は古いしきたりを改めたり、種々の節約を行う努力をしていたようである。ひとつは〝奥〟の勢力、つまり侍従職と皇后宮職の主導権を奪い、〝表〟の長官に一本化することだったが、難航していたようだ。

田島はまた、占領軍や他国の外交官たちにも配慮しなければならなかった。鴨猟に度々招いたり、茶会に招いたり、外国公館のパーティーへの出席など、次々とこなしていく。占領下日本では、すべての印刷物が検閲下にあり、問題があると思えば、長官といえどもすぐに日比谷の第一生命館にあるGHQへ呼びつけられた。たとえば昭和二十四年七月十三日（水曜日）。「秩父様事件」の発端である。

「電話アリ、Bunker ノ会見希望トノコト。五時単独ニテユク。秩父様ノ Interview ヲ陛下ニモッテユケトイフ。其後ノ措置ノコトニハフレズ。三谷ト相談シ三谷家ニテ supper〔夕食〕ヲトリ葉山ニ参上ス」

マッカーサーの副官ローレンス・バンカー大佐は田島を呼び出し、秩父宮の「インタビュー」を見せ、天皇にも見せよ、と警告したと読める。

それは田島を驚かせるような内容だったのであろう。田島はすぐに三谷隆信侍従長邸に相談に行き、そこで夕食をすませてから、夜にもかかわらず、葉山の御用邸へうかがい、昭和天皇に言上という異例の行動をとっている。

十三日の夜遅くに葉山から戻った田島は、翌十四日、事態の収拾に奔走する。

「14日（木）鵜飼行キノ式部頭ニ電話ス。旅行ヤメヨウカトノ話モアリシモ、ヨロシトイフ。林次長ヲ自宅ニ誘ヒ、登庁シテ秩父様事件話ス。黒田ニ昨日参上、今日御殿場行ノコトヲ Bunker ニ報告スルコトトス。三谷トモ鼎座相談ス。三谷ハ此朝吉田総理ニ報告ス。外務省ニテモ、若《も》シ文書ヲ出ス場合トナレバ関係ストノコト。9・05発御殿場行。Mutsu Misrepresentation 大部分ニテ、殿下ノ意思ハ日本人ノ自覚反省警告ニテ、進駐軍ノ批評ニアラズトノコト。少シ争フ。2・11 汽車デ帰リ黒田帯同 Bunker 訪問、アリノ儘《まま》イフ。自分ニ殿下ハ I regret 的ノコトヲイハレタトイフ。Misunderstand ノ元因ヲマキシコトニツキ、Bunker 了承ス。但《ただ》シクギヲササル。吉田総理ニ田島報告ス。侍従長ハ葉山ニ参候御報告申上グ」

田島は林敬三次長を呼び、「秩父様事件」について話す。ここですでに「事件」と呼ばれている。側近たちの分担も決められた。田島自身は、秩父宮を御殿場に訪問。黒田實式部官はGHQへ行き、前日に田島が葉山の天皇へ参上し、この日は秩父宮を訪問することをバンカーに報告する。三谷侍従長は吉田首相を訪問することと決められた。

御殿場で、秩父宮に「GHQの懸念はあたらない」と言われ、田島は反対意見を述べたのか、「少シ」言い争いになった。ともあれ、宮との会見を済ませ、午後二時十一分の汽車で帰京した田島は、黒田式部官と共にＧＨＱへ行く。バンカーは一応了承するが、クギをさすのを忘れない。

秩父宮とのインタビューがいかなる内容であったかは、「日本人ノ自覚反省警告ニテ、進駐軍ノ批評ニアラズ」の箇所から見えてくる。ＧＨＱ側は、秩父宮が占領軍を批判したと解釈しているのだ。だが、秩父宮は、そうではなくて、「Mutsu Misrepresentation 大部分ニテ……」とおっしゃる。Mutsu なる人物がインタビューを行い、彼の間違った伝え方のせいでＧＨＱの誤解を招いたのだと主張される。

Mutsu とは、英語名イアン・ムツ Ian Mutsu、日本名陸奥陽之助で、第二次伊藤博文内閣の外務大臣だった陸奥宗光の孫であった。父は陸奥宗光の長男で、外交官となった広吉である。ケンブリッジ大学に留学中の広吉は、ガートルード・エセル・パシンガムという英国人女性を愛し、父の反対を押し切って結婚することとなる。

イアンの母エセルは、秩父宮の英語教師でもあったという。この縁もあって、後年、息子のイアンが秩父宮にインタビューを行った、とも考えられる。英米の新聞に記事を書き、戦後はＵＰ通信の記者としてＧＨＱにも出入りしている。その後、イアンは映像へ興味を移し、一九五二年にはインターナショナル・モーション・ピクチャー会社を設立、主に日本についてのドキュメンタリー映画製作に乗り出した。

ムツが日本語で秩父宮をインタビューし、それを英訳したものがバンカーの眼にふれたわけだが、それはどこに発表されたのだろうか。検閲下にある日本の新聞をはじめ、竹前栄治監修『GHQ指令総集成』（エムティ出版　一九九四年）の該当箇所を調べてみたが見あたらなかった。当時のアメリカの新聞も検索したが見つからない。

英文のインタビューがどこかに掲載されたという疑問は、今のところ解けていない。では、「インタビュー」が原稿段階のものだったとして、GHQはそれをどう入手したのか。当時ムツはUPのマッカーサー司令部取材記者だった。ムツが、「実はこのようなインタビューをおこなったのですが……」と、GHQに事前におうかがいをたてた可能性もある。原稿はそのままバンカー副官のもとに送られ、「秩父様事件」へと発展したのではないだろうか。下書きなり原稿の写しなりがのこっていないかどうか、ムツの友人だったレイディ・バウチャーの紹介で遺族にお願いしたが、自宅にはないとのことであった。

「事件」について「日記」は続く。

「十五日（金）一応出勤。10・17発ニテ葉山行。弁当持参。食後1－2拝謁。委曲《いきょく》昨日ノコト言上《ごんじょう》ス。或ハ逆効果カモ知レヌガ、三殿下ニ、此際、為念《ねんのため》ノ注意ヲ申上ゲル様御命令アリ。尚《なお》大宮様ニモ言上セヨトノコト。三時発四時過帰庁。黒田氏同行、Bunker 訪問。陛下ハ General ノ新聞記者ニ関スル注意ニ全ク同感ニテ、従来モ宮様方ニ御話アルモ、今回更《あらた》メテ伝達スル様、田島へ下命アリタリトノコトイフ。Bunker ハ、General ニ報告セリトイフ」

昭和天皇は田島に、秩父、高松、三笠の三殿下に対して「逆効果かもしれぬが」言動に注意するように伝えよ、と指示し、皇太后にも報告するようにと仰せられた。

午後四時過ぎに帰庁した田島は、黒田式部官を同道してGHQにバンカーを訪ね、陛下はマッカーサーの新聞記者についての注意に全く同感で、これまでも宮様方に話されてきたが、今回改めて伝えるよう命じられた、と理解を求めた。マッカーサーへの気のつかいようがよくわかる。バンカーはマッカーサーへ報告すると応じた。

十六日も全文をのせる。

「十六日（土）5・30迎ヘノ自動車。八重洲口ヨリ、6・20ニノル。乗換《のりかえ》都合ヨク、9・45御殿場着。委曲申上《いきょくもうしあ》グ。帰ル。時又厄介カケルカモ知レヌト、冗談口アリ。11・04発、2・00 帰京。3時大宮御所ニ出デ大体御話ス。4－5高松宮邸ニ御話ス。陛下ノ御話ハ承リ置クモ、新聞社ニアハヌコトハ出来ヌトノ御話。利用云々ノ御言葉モアリ。不遜《ふそん》トノ御言葉頂戴《ちょうだい》ス。帰庁後、次長トイロイロ。総理ヨリ電話。小泉ヲ教育委員会へ勧誘シテクレトノコト」

田島は秩父宮に委曲を尽くして申し上げるが、宮は「また厄介をかけるかも知れない」と冗談を言われる。皇太后、高松宮と次々にまわる。高松宮は「陛下のおっしゃることはうけたまわっておくが、新聞記者と会わぬわけにはいかない」と述べ、田島の忠告は「不遜」とまで言われる。

こうして「秩父様事件」は一応の決着をみるが、七月十三日から十六日までの四日間、天皇も含め側近たちがいかにこの「インタビュー」に振り回されたかが、「日記」から伝わってくる。占領下の日本で、皇族によるＧＨＱ批判。これが大きな波紋を呼んだことは想像に難くない。この出来事はこのあとも三回ほど「田島日記」に登場する。ただし、呼び名は「ムツ事件」と変わっていた。

占領政策への批判

七月十七日には「松平康昌氏ヨリ電話。昨夜帰京。Mutsu caseノコト話ス」とある。

松平康昌は式部官長。前夜帰京とあるので留守だったのだろう。二回目も同日付で「1・30　松平恒雄氏訪問。Plum〔プラム〕進呈。Mutsu case」とある。松平恒雄は駐米・駐英大使を歴任、宮内大臣も務めた。娘の勢津子は秩父宮妃である。「事件」について報告しているが、切迫した雰囲気ではない。九月十二日には友人の安倍能成を訪れ、「Mutsu事件報告ス」と、こちらも事後報告のおもむきが強い。

GHQからの抗議で、側近のみならず天皇まで巻き込んで揺れ動いた四日間の記述からは、自由な言論もままならない皇室の状況、占領軍の厳しい言論統制、そして昭和天皇と兄弟宮の間で、GHQへの距離感の違いがあることがうかがえる。今となっては「田島日記」にしか残されていない事件の記述は、占領下の皇室の困難な現実を示している。

「日記」で見る限りは、秩父宮「インタビュー」の内容はわからない。だが『中央公論』平成八年十一月号に高松宮妃喜久子談「思い出の秩父宮さま」と題する記事がある。秩父宮による二本の未発表原稿が掲載され、ひとつは「陸軍の崩壊」、もう一本は「占領政策の批判」。ともに昭和二十四年七月の日付が付されている。まさに「秩父様事件」と一致する時期だ。平成七年に逝去された秩父宮妃の遺品整理中に出てきたものだが、二番目の「占領政策の批判」から、記述を抜き出してみる。

「米国だけについても世界情勢の推移に応じて対日態度の変るのは止むを得ないことだから其の政策のぐら〳〵してゐることを責めるのは無理ではあるが……」

「一部の政策担当者は米本国を出されたニューディール派だと言はれてゐたから、日本が満洲国で行つた様に、本国では行はれないことを日本でやつて見ようとした点もあつたかも知れない」

また、共産主義者に自由と「絶好の機会」を与えたあとで、「最近になつてGHQが如何に共産主義の害毒を強調してもそれは既に手遅れだつたと断ずる外はない」、「日本の実情の即しない米国制度の直輸入も大いに批判されなければならない。〔中略〕教育制度にしても、自治体の警察制度にしてもあせり過ぎてゐる様に感ぜられる」などが、四百字詰め原稿用紙にすると七枚ほどの量、書かれている。

こうした発言は、今日では問題視されるようなものではないだろう。しかし、占領下の昭和二十四年においては、昭和天皇の退位論もおさまっておらず、また、皇室そのものの存続も堅牢なものとはいえない状況にあった。そのなかで秩父宮の率直な発言に、GHQが反発し、周囲が困惑したのもうなずける。

ただしこの「未発表原稿」は、秩父宮によって直接書かれたものであり、バンカー副官が田島に示した「インタビュー」と同じ内容であったとは断言できない。しかし、書かれた時期が一致していることと、「日本人ノ自覚反省警告」という秩父宮の「インタビュー」の趣旨からしても、秩父宮がまったく違う内容を語られたとは考えにくい。

秩父宮妃の遺品整理中にこれを発見なさった高松宮妃は、「私は驚いてしまって、これをどうすればいいか、一時途方に暮れました」と語っておられる。そこで三笠宮にご相談のうえ、『中央公論』誌上での公開となったのだった。

葉山狼藉事件

もう一つ、「日記」から占領軍がらみのものをあげるなら、前述のシーボルトとの「会談大要」の中に出てくる「葉山狼藉《ろうぜき》事件」がある。

「葉山狼藉事件」とは、昭和二十六年九月二十三日の午後四時頃、米兵三人が葉山御用邸の塀を乗り越えて侵入した事件である。しばらく田島の「日記」にはその事件はでてこない。二十六日になって「首相へ手紙。葉山狼藉事件」と、吉田首相へ書簡で報告したあと、松井明首相秘書官と話している。二十八日にも五時半から六時二十分にかけて、「松井秘書官、葉山狼藉事件ノ結末ノコト」と話を続けている。松井明は、元男爵で元外相の松井慶四郎の長男で、外交官。天皇とマッカーサーの会見時に、通訳をつとめた。

シーボルトは、米兵たちの乱暴について知らなかった。田島は「会談大要」の中でこう説明している。

「……葉山御用邸の南邸から侵入し、御本邸に這入り、御寝室、御書斎その他各室を荒し廻り、ピアノの上のカヴァーが紛失してしまいました。皇宮警察官はMPに連絡しましたが、到着前に逃亡して仕舞いました。その際塀の外には二、三十人の兵隊がいたと報告されています。この問題につき、私の責任上、外務省までは将来の為に通知して置く必要があると考えました。今私は、単に友人として貴官に一寸《ちよつと》このことをお話しておきたいと考える次第です。呉々《くれぐれ》も申しますが、別にこれ以上貴官に御迷惑をおかけする積もりはありません。ただ、万一陛下の御滞在中に同様なことが起きたり、狂酔兵が、闖入《ちんにゆう》してきた場合、皇宮警察官の方で正当防衛が出来ないものか何《ど》うか、私としては気にかかることなのであります」

被害者でありながら、田島の物言いはあくまで丁重で、当時の占領軍と皇室の力関係が現れているとも言える。だが本当に、もし天皇がご滞在だったら一体どうなっていたのだろう。

「かかる場合に、正当防衛はできるのか？」「無礼なＧＩたちを追い出すことができるのか？」が、田島の最も知りたかった点なのだろう。占領されていた側の惨めさを如実に示す質問である。

（シーボルト）局長「外務省はどんな処置《しょち》をしたのでしょうか」

田島長官「外務省では、木村連絡局長から、Ｇ－２〔参謀部第二部〕日本連絡部テイト大佐、政治局リゾー局長に、参考として書類を提出したところ、リゾー局長は、不取敢《とりあえず》宮内庁当局へ遺憾の意を表するように言われた由です」

局長「私には何の報告もありません。それは重大なことです。私が知って置く必要があります」

長官「兎《と》に角《かく》私としては責任上外務省にだけ報告連絡して置くのが妥当と考えましたのですが、貴官に更めて御迷惑をおかけする積もりは毛頭ありません。ただ時局柄《じきょくがら》米国側とされてもこの様な事件があまり起きない方が宜《よろ》しいのではないかと信ずる次第です。〔中略〕陛下御滞在中の様な場合、正当防衛が可能かどうか、心配になる次第であります」

と、田島はもう一度、〝正当防衛〟を行ってもよいのかどうかを質している。

局長「指令によれば、現行犯は日本警察に於いて取押さえることが出来、若《も》し附近に進駐軍関係の部隊、駐在官があれば、その方へ通知すること、となっているはずです。正当防衛は当然で、放り出しても、暴力で報いても宜《よろ》しいと信じます」

「当然」というシーボルトの返事は、田島を安心させたに違いない。

現在の人たちにとっては、考えも及ばぬ事件である。何人かのGIが葉山の御用邸に侵入し、証拠品を盗んでくると宣言した。塀の外にいた二、三十人のGIたちは、野次馬だったのかもしれない。

日本の警察官は拳銃を携帯していたのに、銃口を彼らに向けて、「出て行け！」と威嚇することもできなかった。「正当防衛は可能なのでしょうか？」と宮内庁長官が屈辱的な質問をしなければならなかった現実が、占領下の日本にはまだあったのである。

「会談大要」は、田島の次のような発言で終わっている。

「重ねて申しますが、葉山の件は、友人としてちょっとお耳に入れて置きたいと思っただけのことで、貴方に御迷惑をお掛けしてはならないと存じていますから、御了承下さい。警察の方でも、単に闖入事件があったという届けで、外部では誰も知らないことであります」

抗議ではなく、遠慮がちな、友人としての報告であると強調する田島。宮内庁と外務省の一部を除き、この事件を「外部では誰も知らない」のは、新聞などがＧＨＱの検閲下にあったからであった。米兵の犯罪などが報道されることはほとんどなかった。

皇太子のマッカーサー訪問

昭和二十四年の四月に入ると、皇太子のマッカーサー訪問が話題になる。二十一日（木曜日）の記述の中に、「0・30－3・15 Vining（1）Crown Prince Visit General（2）Living with Parents」という部分がある。

この（1）では、ヴァイニングがマッカーサーを訪問した折、マッカーサーが「皇太子に会いたい」と言った、と田島に報告に来たのであろう。（2）の〝両親と共に住むこと〟は、皇太子は両陛下と共に生活なさるべきというのが、ヴァイニングの持論なので、それを繰り返したと思われる。

翌二十二日には「総理大臣来訪〔中略〕。当方ヨリMC、Vining会見ノコト」と、吉田に報告している。その翌日は、この問題について式部頭と話し合っている。

六月二十一日の二時から二時間半の拝謁で、皇太子のマッカーサー訪問について田島は奏上している。そしてその日、ヴァイニングを訪問。

「Mrs. Vining 訪問。 Crown Prince General 訪問ヨロシ。但シ publicity 万全ノコトイフ」と「日記」に記している。ヴァイニングに用事があるときは、田島は彼女を長官室へ呼んだ。だが、天皇からの直接の伝言は、長く忙しい一日が終わったあとでも、彼の方からヴァイニングの家を訪ねる。田島なりの筋の通し方だった。

天皇は訪問を承知なさったが、すべてがすむまでは公表しないようにとおっしゃった。ヴァイニングがバンカー副官と連絡し、訪問は二十七日七時近くと決まる。彼女は田島と小泉と打ち合わせをしている。

二十七日、「東宮様6・55第一ビルニMc訪問－7・25」と、「日記」は簡潔。

ヴァイニングによると、この日ヴァイニングの車に同乗した皇太子は、誰にも気付かれることなく、第一生命館のGHQに到着した。前部の座席には、運転手と護衛だけが座っていた。田島と野村行一東宮大夫、小泉信三の三人は、宮内庁建物の近くにある義宮の住居で会見の終わるのを待っていた。三人は出てきたヴァイニングを囲み、熱心に話を聞いたそうである。その夜バンカー副官から、マッカーサーは皇太子を誉めていたという報告が、ヴァイニングにとどけられた。

二十八日には田島は会見の模様を天皇に報告、二十九日にはバンカーを訪問。「東宮御訪問ノ礼天皇陛下御訪問御希望ノ模様」と記している。

天皇陛下、大いに笑う

駕籠町の家と明協学寮が空襲で焼けてから、田島と妻は目白の徳川家の書院に仮住まいしていた。だが、十月に入って、官舎に移ることになった。当時の宮内庁長官官舎は、千代田区紀尾井町三にあった。現在の赤坂プリンスホテル近辺になる。

宮内庁用地に入ってすぐ左手にベージュ色の洋館があり、それが三谷侍従長官舎であった。入り口から広い道路がまっすぐのびていて、大木が両側に繁る奥に長官官舎はあった。庭を含め二百坪ほどの洋館。一階には洋間二つに和室四つ、二階にも洋間が三つと和室が三つあった。だがあちこちに手を入れる必要があり、徳川家の書院から田島と妻の美志がこの邸に移るのは十月二十七日になってからであった。当日の「日記」。

「二十七日（木）小雨ナレドモ、引越シ強行ノコトトシ、三条、徳川、黎明会ニ挨拶シ、美志ト同車、紀尾井町ニユク。宮内府関係手伝十二人程。秘書官高久、木村等。自動車一台ニテ、三往復ノ由。美志足ヲ、クジク。官房長ヨリ、高石隆夫ニ花下賜《かし》ノコト。次長ニ長官訪問、総理モ同意カ、確メルコトトスル」

十一月二日の水曜日には、「転居通知整理ス。美志、近所廻リ」とある。

御殿場にお住まいだった秩父宮両殿下は、これ以後御殿場から上京されると、田島の紀尾井町の長官官舎を宿舎となさった。その間はずっとご一緒だったし、お二方の田島に対する信頼は厚かった。

この年には、また、天皇皇后両陛下の銀婚式のお祝いがあった。その一月二十六日の記述へさかのぼって、昭和二十四年を終えることとしよう。

「両陛下銀婚式。御祭リ。9・40参集。御祭10－10・30。拝謁ノ間ニテ拝賀。御祝詞言上。講堂ニテ一同ト　拝賀。御祝詞朗読。万歳三唱、侍従、食堂祝酒ヲ頂戴。皇太后宮大夫ヨリ、銀婚式御祝ノ題ヲ賜《たまわ》ル。早春庭、次長ヨリ、歌人、理事長ニモ伝フ。部局長ニモ伝達。陛下ニモ言上。2－2・30　旧奉仕者ト　御成婚奉仕者（二ノ間）、茶菓、シャンパン、酒、サンドイッチ、ミカン等、（三ノ間）。夕、山水楼　5・30－8・00。安倍、辰野、前田、嘉治氏等。辰野氏ト、サトウハチロー、徳川夢声ノコト話ス」

『文藝春秋』昭和二十四年六月号には辰野隆、サトウ・ハチロー、徳川夢声による座談会「天皇陛下大いに笑ふ」が掲載され、その年の読者賞に選ばれている。占領下ではあるが、和やかなお祝いの一日の雰囲気が伝わってくる。

第三章

マッカーサーとの最後の戦い

〈昭和二十五年・二十六年の日記〉

第三皇女の結婚のこと

昭和二十五年の皇室内の重要な責務の一つは、第三皇女孝宮と交通研究家の鷹司平通《たかつかさとしみち》との結婚をまとめることであった。田島は皇太后、直宮それぞれに報告に行き、また、平通の父で明治神宮宮司の鷹司信輔を訪問など、周囲の人たちに気を配りつつ、話を進めている。長官官舎でお二人がお会いになったり、「孝宮御調度ノコト」を、次長たちと相談したり、孝宮の髪形を宮中伝統のおすべらかしなどにするかどうかなどを、名取女史と相談したり忙しい。名取はなは、内親王たちに仕える女性たちの主任だった。

三月三日には孝宮の納采の儀（結納）が行われた。ただ、ことは皇室内だけではすまない。七日には田島がGHQに行き、バンカー副官に「GHQ通訳ナシ。孝宮ノコト〔後略〕」と報告している。

孝宮の婚儀の日取りは五月二十日と決定。そして小雨ながら高輪の光輪閣での挙式は無事に終わった。これから後も、田島のあちこちへの挨拶回りは続く。皇室の方々それぞれに心くばりをすることも、長官の任務の一つだった。

ヴァイニング夫人との連携

占領下のこの時期に、皇太子の教育にヴァイニングがどれだけ熱心に関与したかについては、多く書かれてきた。ここでは、田島との関係に限定してみていきたい。

「日記」には、彼女の名が度々出てくる。それを三つに分類すると、以下のようになる。

①訪問なり、来訪なり、会合なりの形で、会った。ただし、来訪したが留守も含む。

②手紙を出したか、もらったか、使いを出したかなどの形。

③ヴァイニングについて報告したり、語ったりしている。相手は天皇、首相、小泉だったり他の人だったりする。

長官就任後一ヶ月もたたない昭和二十三年七月一日に、「3　Mrs. Vining－3・30　イロイロ話ス」と、最初の言及がある。二十三年という年の六ヶ月間に限っても、①の「会う」が七月二回、九月一回、十月一回と合計四回。②の「手紙」は、六月に書類を読み、手紙一回、九月に一回と、合計三回。③の「彼女について話す」は、九月に一回、十二月に一回の合計二回である。

昭和二十四年に入ると、二人の協力はますます緊密になる。

明協學寮で寮生たちの全人的な教育に熱意を傾けたように、また大日本育英会で育英事業に打ち込んだように、田島は皇太子の〝教育〟に熱心であった。

ヴァイニングは、田島の行った新しい試みについて二つ語っている。一つは、参与たちが天皇の御前で会議をもち、直接に天皇のご意見を聞くこと。もう一つは、天皇と皇后に、ヴァイニングが皇太子の教育について直接意見を言う機会をもつことだった。

「Mr. Tajima urged me to speak frankly.」とヴァイニングはすでに引用した著書の中で書いている。目的をどう効果的に実現させるか、「率直に話すように」という田島の言葉には、彼のそうした態度が感じられる。東宮大夫以下教育参与全員が、ヴァイニングに皇太子の教育について意見を聞く会が計画された。これも田島が長官になってからのことであった。

この年の三月二十六日に、皇太子は学習院中等科卒業の予定だった。当時は小金井の御殿にお住まいだが、寮に入って頂いた方がよいのではという意見もあった。学習院中等科は文部省の教学錬成所のあった小金井で、昭和二十一年から授業を始めていた。昭和十五年の紀元二千六百年式典用に皇居前広場に建てられた式殿がこの小金井へ移され、光華殿として皇太子の住居となっていた。校舎や体操場の他に、四棟の学寮もあった。目白の校舎はかなりの部分が失われていたので、皇太子の生活と教育は小金井でなされていた。

三月十六日付の「日記」に「3・30－Vining、小泉、野村、田島会談。－6・00 dormitory〔寮〕」との記述がある。

この会合について、ヴァイニングは自著の中で記している。皇太子の住む光華殿の近くに学習院寮があった。この寮に手を入れ、皇太子が週に三日は寮で、三日は光華殿で、一日を皇居ですごすことにしてはという案が出たのだ。

十六日の会合は、それについての意見交換のためであった。ヴァイニングによると、田島は〝聞き役〟に廻り、少し離れたソファに腕を組んで黙って座っていたとある。ヴァイニング、小泉、野村という東宮を支えるメンバーの意見を注意深く聞き、全体像を摑み、その中からどうするべきかという方向と結論を導き出したいと考えていたのだろう。御両親と御一緒にお住まいになるべきというヴァイニングの持論を、全員が丁寧に忍耐強く聞いたということである。

この二十四年で、①の「会う」は、一月が二回、二月一回、三月一回、四月五回、六月五回、八月一回、九月二回、十二月一回と、合計十八回会っている。②の手紙は、三月一回、四月一回、八月二回、九月一回と、合計五回である。③の「彼女について話す」は、一月二回、二月二回、三月一回、四月九回、六月一回、七月一回、八月一回、九月三回、十月四回、十一月一回と、合計二十五回である。

昭和二十五年に入り、一月二十四日に田島はヴァイニング邸を訪れ、孝宮が鷹司平通と結婚する旨を伝えている。ヴァイニングの著書によると、「陛下が御報告するようにと仰せられたので」と田島はヴァイニングに告げたとしている。このような場合には、田島の方からヴァイニング邸を訪れるのが常だった。

だがこの日の「日記」には、どういうわけか「二十四日（火）〔前略〕6・30 Vining ニ東宮様ノコト」とあるだけだ。

一方ヴァイニングは、秦剛平、秦和子訳の自著『天皇とわたし』（山本書店　一九八九年）の中で、次のように述べている。

孝宮の婚約を彼女に知らせるようにと、天皇は田島に指示されたとのこと。「このご配慮がどんなに名誉あるものなのかを知ったのは、田島氏が、使命を果してホッとした気持を口に出したときであった。『天皇陛下ご自身が直接わたしをお遣わしになったのです。あなたにおかれましてはまことにもったいないことであります。』

わたしは田島氏にたいしてはいつも本当に楽な気持でいられた。氏は正直そのもので、率直だった。氏がわたしに好意的であることも知っていた。同時にまた氏が不快を感じられたときもすぐ分った。このように田島氏にたいしては、そのときのわたしの立場がどうなのかはいつもはっきりと分っていた。」

二人の良好な関係がよく表現されている。田島も、小泉とヴァイニングを強く信頼していた。

三月五日の日曜日、田島は大磯に池田成彬を訪問している。小泉説得もたのんだ畏友《いゆう》である。「池田氏、東宮洋行ニ関スルノコト、英王室研究方針ノコト」とあるので、皇太子の洋行や留学が話題になり始めていたのであろう。

五月十二日にヴァイニングはマッカーサーに会いに行った。五月二十五日の「日記」。

「御召シ、拝謁。11－11・20 Vining 及小泉ト会見。MacArthur、CP〔CP は Crown Prince ―皇太子のこと〕留学反対トイフ」

ヴァイニングと小泉と田島の三人が集まり、ヴァイニングからマッカーサーの意見を聞いた。マッカーサーは皇太子の留学に反対であった。田島の遺品に、「マッカーサーの意見」という英文の二種類の手書き文書がある。前述の皇太子の留学などについてのマッカーサーの意見を記したものである。おそらくこのときのヴァイニングの話をまとめたものと思われる。それによれば、皇太子の高等科卒業後の海外留学にヴァイニングが触れると、マッカーサーは反対した。日本占領が終わると、国内の急進派、ソ連、中国から天皇制反対の圧力がかかり、帰ってても居場所がなくなってしまうかもしれない。東大へ進み、卒業してから旅行しては、というのがマッカーサーの意見であった。皇太子の留学でさえ、占領軍司令官の許しを得なければならない。当時の日本と皇室の置かれる不安定さを、如実に示すエピソードである。

ヴァイニングは、昭和二十五年十二月に帰国することになっていた。田島と小泉信三はなんとか引き留めようと努力する。十月五日、「3・40－4・40小泉氏来室。Vining問題」のように協議をかさねるのだが、辞意は固く、翌六日、「総理ニVining叙勲。GHQ意向ト等級ハ〔以下不明〕」と叙勲の話になる。二十日、勲三等宝冠章と決まった。

十一月二日には「Vining午餐《ごさん》御陪食。12・30－2・00」、そして夕食は、「Gray、松平信子、小泉信三、前田多門、辻松子、上代たの子、山梨勝之進。盛会」と親しかった人々が長官官舎に集まり、送別会を開いている。松平信子は秩父宮妃の母で宮中に影響力を持っていた。辻マツは津田塾大学教授。上代たの子は日本女子大教授、後の学長である。

十二月一日の「日記」。「〔前略〕御召シ拝謁11・20－11・45。1・30頃発、横浜埠頭《ふとう》ノ丁抹《デンマーク》船ニViningニ別レヲ告グ。秘書官同乗。女官長、及 名取女史モ。御使。東宮様モ御出《おいで》ニナル」

こうして、ヴァイニングは去って行った。

なお、この年に「日記」に言及された回数は、①の「会う」が一月二回、二月二回、三月一回、五月四回、六月一回、八月二回、九月三回、十一月四回、十二月一回と、合計二十回である。②の手紙は、一月一回、八月一回、合計二回。③の「彼女について話す」は、二月一回、四月四回、五月六回、六月二回、八月四回、九月四回、十月十回、十一月三回と、合計三十四回である。

このように頻繁に「日記」に登場するのは、ヴァイニングと小泉が双璧である。

著者の友人メアリー・クラーク（Mary B. Clark）が、ヴァイニングを訪問したのは、一九九八年、八月中旬のことだった。田島が横浜で彼女を見送ってから、約四十八年後のことである。フィラデルフィア郊外のロングウッド（Longwood）にあるケンダル財団の高齢者用のレジデンスに、ヴァイニングは住んでいた。メアリー・クラークは、大正五年（一九一六年）日本で生まれた。兄のスタンレー・ベネット（Stanley Bennett）は沖縄戦に従軍したあと、アメリカの大学で高名な解剖学者となって、多くの日本人の弟子を育てた。

メアリーとヴァイニングは、共にクエーカー教徒で、長年同じ教会に属していた。ヴァイニングの部屋に飾られている日本の品々を、メアリーは懐かしく眺めた。施設内でよりケアの必要な人々のためのアパートに移ったばかりだったが、ヴァイニングは高齢ではあるがしっかりしていた。ワンピースをきちんと着て、上品な優雅さは昔と変わらなかった。だが、眼が悪いので、ダイニング・ルームへ歩くときなどは不自由そうだったという。

「時々は陛下の御消息が伺えて……」とうれしそうに話していたという。〝陛下〟とは、昭和天皇のことではなく、「東宮様ノコト」、「東宮様ニツキイロイロ」などと、田島や小泉と共に少年時代に心よりお仕えした皇太子殿下に他ならなかった。

そして一九九九年十一月二十七日ヴァイニング逝去。九十七歳であった。

ソ連の脅威で巡幸中止

昭和二十五年一月十六日の「日記」には、他のことに交じって、「四国行幸ノコト」という一文がぽつんと出てくる。二月六日の「日記」には、「次長ヨリ四国行幸進駐《しんちゆうぐん》軍異存ナキ為《ため》、官房長官ト打合ス」と出てくる。ここでは巡幸の決まる順序が示されている。宮内庁が候補地を決め、GHQにお伺いを立て、同意となると内閣へ申し出ることになるのだ。

三月十二日から四月一日にかけての四国ご巡幸が行われる。三月十七日の「日記」には、「十七日（金）好晴。（だし車、観音寺）赤旗（新居浜）。持兇器者《じきょうきしゃ》発見。（日新化学）ラントウ一部。外套なし。（×の内×村）」とある。まだ赤旗や兇器に緊張させられる時代だったのだ。

四国ご巡幸が終わってすぐの四月十七日、早くも北海道巡幸の話が出てくる。「十七日（月）〔前略〕拝謁10・30－11・30　北海道御巡幸ノ早キガヨイ理由〔後略〕」とあり、早いほうがよいとのこと。十八日には天皇がマッカーサーを訪問され、十九日に「北海道行幸ノコトMcノ意見」とあるので、前日に天皇とマッカーサーの間で北海道巡幸が話題になったのであろう。だが、六月十五日には「10－11　首相訪問。北海道行幸此《この》際《さい》ヤメノコト。〔中略〕Bunker訪問。北海道ノコト。4・30－5・10」と急に取りやめとなり、GHQにもそのことを報告している。

なぜ北海道が中止になったのかは、「日記」からはわからないのだが、すでに引用したシーボルト局長との「会談大要」には、その理由が出てくる。「北海道の方は如何《いかが》ですか」という局長の質問に対し、田島は次のように答えているのだ。

長官「治安の問題でお難しい様です。陛下は講和条約調印の前に全部御巡幸をお済ましになりたい御念願でしたが、それがお出来になりませんでした。大体《だいたい》津軽海峡に水雷が浮流するとか、又《また》海南島と北海道の間には潜水艦が活躍して居るとか、又樺太《からふと》、千島にはソ連の落下傘部隊が待機しているとかの噂が心配でなりません」

局長「飛行機を御使用になっては如何ですか。軍の方のを御用立てしても宜しいと思います」

長官「北海道へお願いする勇気はありません。普通の事故ならば兎《と》に角《かく》として、ソ連は執拗ですから、落下傘部隊で連れていかれるようなことが起きても困りますから」

同じ月に朝鮮戦争がはじまり、すでに米ソ冷戦下に入っていた。ソ連にたいする警戒心は天皇側近の間でも強かったのであろう。「日記」でも、七月二十六日に首相を訪問し、「北海道 postpone〔延期〕ノコト」などと語っている。二十八日の拝謁のときにも、「陛下北海道御ヤメノコト」とぽつんと出てくる。

一方で「講和条約調印の前に全部御巡幸をお済ましになりたい御念願でしたが、それがお出来になりませんでした」との田島の言葉が、天皇の真のお気持ちであったのだろう。北海道への御巡幸が実現するのは、昭和二十九年八月。田島の退官後のことであった。

朝鮮戦争勃発す

昭和二十五年六月二十五日、北朝鮮軍が三十八度線を越えて南へ侵入。「朝鮮戦争」開始となる。

その日の「日記」は全文を引用するが、意外に静かである。

「二十五日（日）北朝鮮侵略。皇太后陛下御誕辰《ごたんしん》。秩父邸記帳。9・30発、美志ヲ皇居ニツレテユキ、10時迄《まで》ニ大宮御所ニ行ク。拝賀後、御祝酒賜《たまわ》リ御赤飯ノ折《おり》頂キ　急ギ皇居ニ帰ル。次長ニ残ツテ貰フ。首相欠ニ、議長等拝賀。後、祝酒、岡田大将飲ム。美志ト帰ル。終日在宅。午前（ルス）及　午後　大橋鎮子（『暮しの手帖』編集者）来訪。随筆依頼。半《なかば》　承諾」

ただ「北朝鮮侵略」とあるのみ。皇太后のお誕生日のお祝いの日だが、さすがに首相の吉田は欠席している。翌日も「侍従長来訪。朝鮮ノ件ニツキ昨日御下問ノコト」が、朝鮮戦争に関する唯一の記述で、あとは、ベントン・W・デッカー米海軍横須賀基地司令官が帰国するので、拝謁を検討している。ただ、余白に「御進講、欠」とあるので、朝鮮戦争勃発のため、この日の御進講は取り止めとなったのであろう。

七月に入ると、五日の日記。

「御召シ拝謁。11・40－12・20。式部官長、昨日Korea問題ニ関スル米ノquick actionヲappreciateノ旨、Sebald及びHuffに伝へシ話等」

天皇はシーボルトとハフに朝鮮戦争におけるアメリカの素早い軍事行動をほめたとのこと。昭和天皇は冷戦下における朝鮮戦争の意味をよくわかっておられたのであろう。

この他には、二十五年の「日記」には朝鮮戦争への言及はない。一方、GHQ側にとっては重大な問題であった。国連軍最高司令官にはマッカーサーが任命され、十月初旬に北朝鮮軍を押し戻し逆に三十八度線を突破した韓国軍に対し、下旬に中国人民義勇軍が北朝鮮に出動してきた。

この戦争を連合国、ことにアメリカ側から見たとき、マッカーサーがいかに苦しんだかが鮮明になる。それを伝えるのは、サー・セシル・バウチャー著『英国空軍少将の見た日本占領と朝鮮戦争―少将夫人レィディ・バウチャー編』（社会評論社　二〇〇八年）である。

敗戦後の日本に、英連邦占領軍空軍司令官として岩国に乗り込んだセシル・バウチャーは、一九四八年には英国へ帰り、民間の会社で働くことになった。ところが翌々年朝鮮戦争が始まると、イギリス陸海空軍参謀総長直属の個人代表として東京のGHQへ赴任するよう、統合参謀議長、陸軍元帥サー・ウイリアム・スリムから言い渡された。その部分を引用する。

「君には二つの重要な任務がある。第一は、マッカーサーが英国兵士を一人でも要求したなら、断ること。第二は、マッカーサーに対する君の影響力を用い、朝鮮戦争を地勢的には朝鮮半島内に厳密に留めるよう、最大限の努力を払うこと」

彼は続けた。

「君は当然わかっていると思うが、バウチャー、朝鮮と隣り合っているソ連と中国は軍事協定を結んでいる。中国国内へ、あるいは朝鮮国境を越えたいかなる場所へでも、もしマッカーサーが戦いを拡大しようとすれば、おそらく第三次世界大戦を引き起こすであろう。それだけは、どうしても回避しなければならないのだ」

東京へ着任したバウチャー少将は、マッカーサーから米軍と韓国軍の直面している窮状について話をきくと、すぐに朝鮮半島視察に飛ぶ。釜山周辺、奥行き八十キロメートル周囲の小さな半円の拠点を除き、北朝鮮軍はほとんど韓国全域を制圧していた。

本国からの指令に反し、バウチャーは今すぐ援軍を朝鮮に送ることを英国参謀総長に進言する。そして英国も参戦に踏み切った。マッカーサーが経験しつつあった困難な戦争は、バウチャーの記述にはくわしいが、「日記」には何も言及されていない。

ダレス特使の来日

昭和二十五年とは、朝鮮戦争勃発の年であると同時に、対日講和始動の年でもあった。のちに国務長官になるジョン・フォスター・ダレス特使は六月十七日に来日。それから韓国へ行き、二十一日に再来日した。六月二十二日に吉田首相と会う。

二十二日夜、アメリカ対日協議会の組織委員も務めた『ニューズウイーク』誌東京支局長コンプトン・パケナムの家でダレスを中心に内密な会合があった（前出の秦郁彦『裕仁天皇五つの決断』）。アメリカ側はダレス、随員のアリソン日本課長と『ニューズウイーク』外報部長ハリー・カーンとパケナム。日本側は松平康昌式部官長、大蔵省財務官の渡辺武、沢田廉三（元外務次官）、海原治（国警本部企画課長）の四人。冷戦の進行とともに、占領軍による日本の非武装中立政策が情勢に合わなくなっている。全面講和と単独講和の対立も焦点だった。

二十三日の田島の「日記」には、他の用事に交じって、「Tea 高松宮邸。Dulles 4－6」と一行ある。ダレス特使が四時から高松宮邸のお茶に招かれたことがわかる。

二十四日の日記には、「何《いず》レモ他ニ重要案件アレバ此際駄目トイフ。次長ニ×ノ××文書ノコトetcイフ。午食後、井上首相秘書官来ル」とある。何か重要な案件があるので、他のことにはかかわっていられない。「文書」という表現は出てくるのだが、これが後にダレスへ渡す、内密のメッセージの案文作成にかかわるものかはわからない。翌二十五日は、すでに述べたように朝鮮戦争勃発の日。

二十六日の「日記」。

「御文庫御召シ拝謁。2－2・30 Mr. Dulles（Mr. Sebald tea）4－5・30。話ヲシタ人両議長、南原、高木、岡崎官房長官、松井明、西村局長、一万田《いちまだ》、高橋龍太郎、石川一郎、苫米地《とまべち》、野村大将、豊田大将、蔵相、堀内謙介〔後略〕」

午後四時から五時半、シーボルト外交局長邸でダレスのためのパーティーが催され、田島も出席している。そこで言葉を交わした人として両院議長、南原繁、岡崎勝男官房長官、松井明、高橋龍太郎、野村吉三郎元海軍大将、堀内謙介などの名があがっている。

この二十六日、秦郁彦は天皇からダレスへの「メッセージ」を松平式部官長がパケナム家へ届けたとしている。またこのようなメッセージを書くに当たっての背景を彼は前述の著書の中で次のように分析している。

「（1）対日講和問題の主導権はダレスの手に移っている
（2）再軍備や基地問題をめぐるマッカーサーとダレスの意見は一致していない
（3）吉田首相とダレスの会談は不調に終った
（4）吉田はマッカーサーとの緊密な関係を崩せない立場にある」

天皇からのメッセージに、ダレスは感動したそうである。これは八月上旬に文書化されパケナムからカーンに送付、米海軍大学所蔵とのことである。

翌六月二十七日に、ダレスは離日。この日の田島の「日記」には十時十分から四十分まで「御召シ拝謁。式部官長、Dulles会見ノコト」とダレスについて報告を行っている。

この他、この年の「日記」におけるダレスについての言及は、八月四日に「登庁。式部官長二度来室　Dulles ノ手紙ノコト」とある。時期的にみると、この〝手紙〟というのは例の〝メッセージ〟のことではないだろうか。メッセージの内容は、山本七平・保阪正康他『昭和天皇　全記録』（講談社　一九八九年）も要約している。

「このダレスに対して天皇は書簡を送り、日米双方が自由な雰囲気の下で気心なく話せる場として、非公式協議・助言グループの設立を提案し、公職追放の緩和を要請した」

天皇のすぐれた外交感覚が見事に示されている。占領下という非常時にあって、昭和天皇は今日では許されないような政治や外交への関与を時には行ったのである。昭和二十五年六月のダレスの来日が日本に再軍備を迫るものであり、吉田が経済、憲法、近隣諸国への配慮などの理由によってそれに応じなかったことは、今日では広く知られている。

吉田茂 VS. ダレス

昭和二十六年一月二十五日、ダレスは講和使節団の団長として再度来日するが、「日記」に記載はない。

三十一日になると、「5－7 Sebald 方 Tea Dulles, Allison, Rockfeller ト話ス」と、田島はシーボルト邸のティー・パーティーに招かれ、再来日したダレス、国務次官補で北東アジア課長のアリソン、大富豪のロックフェラーなどと話している。

二月一日には松平式部官長が長官室へ来室し、ダレスを鴨猟に招く件について相談している。これは吉田首相からの要請であろう。この二月一日という一日だけを見ても、長官職の拡がりと忙しさが垣間見えるので、この日は全文を引用しておく。

「1日（木）　9・30　Gascoigne 訪問。Present 進呈。（墨筆《ぼくひつ》、短冊、附属進呈アトニテ）10・30　石川一郎氏ニ、Grew Fund 十万円御下賜。（両陛下）伝達。坊城大夫、来室。

figure skate、竹田宮、御希望、ト一寸××トノコト。一旦帰宅。美志ト Embassy 行キ。吉田首相、両院議長、三谷、松平、麻生夫妻。12・30－2・30 松平官長来室、Dulles 鴨ノコト。内親王御祝言上ノコト。有田意見書貰フ。×島博士来室。高松宮妃殿下御電話。日女大寄附ノコト。6・30－8・30村瀬直養氏」

ガスコイン英国大使が帰国するのでプレゼントを進呈し、グルー基金への寄附。日本女子大への寄附は個人的なものであろうが、首相や両院議長をはじめ次々と人に会い、松平式部官長とダレス特使を鴨猟に招待することを話し合っている。

「4日（日）8・50発、三谷ト同車。埼玉鴨場《かもば》へ行ク。Dulles 一行食堂ニテ、Mrs Rockfeller 隣席。Shosoin、Katsura ノ話ヲナス〔後略〕」

ダレス一行を埼玉県の鴨場へ招待。食堂では田島の隣にロックフェラー夫人がすわったが、話題は正倉院と桂離宮についてだった。翌日には、ロックフェラー夫人に、正倉院と桂離宮の写真本を贈っている。

二月九日の夜帰宅すると、吉田の使いとして松井明秘書官が来訪する。ダレスの拝謁を願うというのが用件らしいが、「日記」には「松井秘書官、首相ノ使来ル」としか書いてない。

だが翌十日の日記になると、「Dulles 拝謁ノコト。Washington ト往復ノ結果、夫妻の外 Sebald 夫妻拝謁トナリ、Bunker ニモ打合ハセ。三時ト決定。〔中略〕3・15－3・50 拝謁。皇后様ハ風邪出御《しゅつぎょ》ナシ。御接待皆無《かいむ》」と、首相からの要請の内容が明らかになる。

このあと五時から六時は、ダレス主催のレセプションが行なわれ、田島は、妻の美志を伴ない出席して、「陛下ノ御伝言ヲイフ」とある。

一月二十五日に来日したダレスは、一月二十九日（または他の文献によると三十日）に吉田と会見した。朝鮮戦争で苦戦の真最中。この会見でのダレスと吉田は、前年と同じ議論の繰返しで決着がつかなかった。ダレスは三十万から三十二万五千人の地上軍規模の再軍備を要求。それに対し吉田首相が反対していたのだ。冷戦のための急激な再軍備は日本にとって危険であり、日本経済の現状はそれだけの軍備に堪えられないとする吉田は、マッカーサーを味方につけようとしていた。それを知らないダレスは、六時にマッカーサーに会うことになっているから同行しようと、吉田をさそった。

「吉田はこれに喜んで同意した。今度も彼は、マッカーサーに然るべき手を打っていたのである。はたして、マッカーサーは吉田の再軍備尚早論に賛成し、日本から、軍備をしないで安全を保障する方法を提示することになったのであった」と高坂正堯『宰相　吉田茂』（中央公論社　一九六八年）は書いている。

ダレスを代表とするアメリカ側からの強い圧力をかわすために、警察予備隊と海上保安庁とは別に、五万人の国防軍を創設するという譲歩を吉田は行った。二月三日、鴨猟の前日であった。それで満足しないダレスは、二月七日にもう一度吉田と講和、安全保障、再軍備を中心に会談したといわれている。

ダレスにとっては不本意な結果だったかもしれないが、皇室外交が雰囲気を和らげているようにもみえる。

二月十一日、ダレスはマニラへ向け日本を発った。これも対日条約についてのフィリピン政府に対する説明のためだったが、ワシントンへ戻ったダレスは、日本側と同意した事項をもとに対日条約案を書き出した。

日本独立への道

それから二ヶ月後の四月十一日、マッカーサーは突然解任され、十六日には離日する。ほとんど入れ替わりに、ダレスが到着した。マッカーサー離日のショックを軽減するためなのか、新司令官リッジウェイに条約交渉の進み具合を説明し、日本側と話し合うためなのか、幾つかの目的があったのだろう。

田島の「日記」にダレスが再び登場するのは、四月二十二日のことで、午後、ダレスとシーボルトが拝謁している。

この年の二月二十七日には、米国の対日平和条約草案がシーボルトから吉田に渡されていたが、それについては「日記」には何も書かれていない。対日講和会議は、九月四日から八日まで、サンフランシスコのオペラ・ハウスで開催された。

サンフランシスコへの出発前に、吉田は八月三十日に参内、午前十時から一時間二十分にわたって拝謁する。その前日の「日記」には「明日吉田首相暇乞ノ賜品ノコト次長ト相談　笹ノ銀盆トス」とあり、餞別は笹の銀盆ときまった。三十一日の三時半の全権団の出発にあたり、見送りにきた田島は「羽田ニ吉田全権等送ル。米機十数機歓送《かんそう》カ上空ニ来ル」と、上空の米軍機が吉田たちの見送りにきたようだと、うれしそうに「日記」に記している。

九月八日、対日平和条約の調印式が行われ、参加国のうちソ連、チェコスロバキア、ポーランドの三ヶ国は調印せず、残り四十九ヶ国の代表が調印した。この日、日米安全保障条約の調印も行われている。「日記」によると、「官房副長官来訪。Ridgway ト首相代理トノ話」とある。翌朝九時四十五分、益谷秀次首相代理が「調印ノ報告」に来庁、三谷侍従長がそのことを奏上する。

十日には、総務課長に「全権ヘノ仕向用意ノコト注意」と、吉田たちをどう歓迎すべきかを考えている。十一日には、全権に対する勅使の前例を調べ、次長たちと一応の案を作り、次長にそれを内閣にもって行かせ、打ち合せ結果の報告を受ける。

十四日に吉田は帰国。「吉田首相無事。御勅使三谷侍従長ノ扱ヒ方ヨク安心ス。2・40全権及全権代理参内。拝謁ノ後、冷酒スルメ」と宮中で簡単な歓迎があり、その後田島夫妻は米国大使館の茶会へ行く。

十九日、「朝吉田首相ヨリ手紙来ル。陛下ノ御前ニ読。同意」とあるが、手紙の内容は不明。三時から四時、「講和一行御思召ノ茶会」と慰労の茶会が宮中で催されている。二十日「首相ヘ昨日ノ返書。服装研究スルコト」とあるので、前日の吉田からの手紙は、服装について吉田から何か意見が寄せられたのかもしれない。

十二月十日には、ダレスが来日する。十日には「松井秘書官、ダレス午餐ノコト首相ノ意ヲモタラス」とあるので、ダレスを招待してくれと吉田が要請してきたのであろう。十二日「松井へ自宅ヨリ電話。十八日ノコト未定」。十三日には、「官長　Dulles　坂下門カ二重橋か、坂下門から入ってもらうのか、二重橋カ」と式部官長がダレスを招待する場合、坂下門から入ってもらうのか、二重橋かと質問してくる。

十四日の十二時から二時四十分にかけて、東京會舘でダレスの歓迎会が行われる。またこの日、坂下門と決まる。十八日の十一時半に吉田内奏《ないそう》。十二時半から二時、ダレス夫妻、スミス夫妻、スパークマン、シーボルト、外務大臣としての吉田と宮内庁側がそろって御陪食。十二月二十日にダレスは離日する。官邸と皇室が一体となって、日本の独立への道筋をたしかなものにすべく努力している様がうかがえる。

こうして対日平和条約はほとんどの国との調印が行われ、翌年の条約発効を迎えることになったのである。

マッカーサー解任の衝撃

昭和二十六年の大事件は何といってもマッカーサーの解任であった。マッカーサー関連の記述を見ていく。

一月十七日は「陛下御不例《ごふれい》トノコト」、十八日も「陛下御不例」と天皇の体調不良が続くが、田島の方は細々とした用事が目白押しである。その日に「Mc Birthday ノコト。

花贈ル不可モナカラン、去年ノ例」という記述もある。マッカーサーの誕生日に花を贈る話である。

二十日「朝、首相ヨリ電話。昨夜Mc訪問ノ所親切ニ医薬提供云々《うんぬん》ニ付《つき》言上及《および》礼ノコト」とあるので、天皇に対しマッカーサーから医薬品を差し上げるという話が出たらしい。「日記」には朝鮮戦争の話は全く出てこないのだが、この当時マッカーサーが直面していたのは、中国軍介入後の困難な戦況であった。連合軍は三十八度線のあたりまで退却させられ、もはや押し戻す力は残されていなかった。戦闘は続いてはいたが、休戦を探るための使節が国連事務総長によって派遣された。

言うまでもなく当時の日本における〝最高権力者〟は、日比谷の第一生命館のGHQの主、ダグラス・マッカーサー元帥であった。

ところが、四月十一日、とんでもないニュースが飛び込んでくる。その日の「日記」の中では、事実のみが短く出てくる。

「十一日（水）妃殿下、松平氏ト parlour〔応接室〕。高尾ノコト、廣田ノコト、etc。自動車ノコト。出勤。9・10　10－12　林予備隊総監御進講。食後、次長、大神宮司ノコト。総務課長　車×ノコト。挨拶、林政課長、吉田秩父事務官 etc。名取氏来訪。清宮《すがのみや》様御菓子、下賜。2・30　美志誘ヒ蔵相官邸ニユク。Mc 罷免ノコト。三谷ニタノミ御報告。式部慰労。丸梅。5・30－8・00　官房長官電話　参内。御文庫拝謁9・20－9・30〔後略〕」

「Mc 罷免ノコト」と田島は簡潔に記す。三谷侍従長に天皇への報告を頼み、夜、官房長官と電話で話した後、九時すぎ、わざわざ参内し御文庫で天皇に拝謁している。

翌十二日、田島たちは慌ただしい動きをみせている。「日記」全文を引用する。

「十二日（木）登庁。三谷、Mc 問題ニテ打合ニ来室。侍従長ハ次長、入江、徳川義寛侍従、松平康昌式部官長ニハ、松平信子サン話ヲ伝フ。其前《そのまえ》ニ官長モ同問題。官長、Bunker 訪問手筈トス。勝沼精蔵医師来室。天皇陛下ハ最高裁判所判事認証式ノ為、御時間ナク、単簡《たんかん》。吉田首相ニ、三谷ト同時ニ会見打合ス。Bunker ト打合ノコト。勝沼、皇后様拝診後吹上ヲ一巡ス。午前中、徳川ノ報告キク会ノバシ午後侍従長室ニテ開ク。一応、皇后様ヨリ順宮《よりのみや》様へ御話ノコト。御願ニ決ス。田中徳共同通信記者、陛下 Mc 訪問希望説。6－10　晩サン。勝沼、小泉」

侍従長は、入江や徳川など他の侍従たちに伝え、松平式部官長は皇太后の御用掛をつとめ秩父宮妃の母でもある松平信子（松平恒雄元宮内大臣夫人）に報告する。来庁した共同通信の田中記者は、この際天皇がマッカーサーをご訪問になっては、またそうして頂きたいと望む者たちもいると田島に伝えたのではないだろうか。

マッカーサーを皇居へ

だが、田島たち天皇側近には、一つの強い願いがあった。これまで天皇とマッカーサーは十回会見しているが、すべて天皇の方がマッカーサーを米国大使館に訪問したものだった。十六日に離日するまでに最後の会見として、マッカーサーを皇居へ招来《しょうらい》させたい。長年抱いてきた田島たちの願望を実現するための、これは最後のチャンスであった。

松平康昌式部官長は十二日早速バンカー副官を訪問する手筈を整え、打合せを行った。天皇がお別れの会見を希望しているという内容であろうが、四月十三日の「日記」。

「〔前略〕電話アリ、早ク帰ル。Bunker 返事、誰ニモアハズ。羽田云々。松平及侍従長ト頻《しきり》×相談。侍従長、message、羽田、宮様ト、一応考へ、首相ニモ相談セントスル所、大磯へ行ツタアト。後、松平 Col。テート　ヨリ電話。雑音的、出発五時頃ニナル由《よし》。黒田、Bunker　秘書田上ヨリ電話。之《これ》モ雑音的。松平、黒田、官舎へ来ル。ソコへ侍従長、松井秘書官へノ Bunker 電話持参。ソレハ二ツトモ日曜日ニ陛下ニ拝謁希望ノコト。午前ノトハ Chang Nan I ラシク、コレノ意味イツモノ例ノカ、前日申入ノ lunch カ、従来ノEmbassy 訪問ヲモ敢《あえ》テスルカノ問題　大磯行7－11。二時半松井氏来庁」

参内について松平式部官長が切り出し、それに対するマッカーサーの返事は、「天皇が自分に会いたいのなら、羽田飛行場へ見送りに来い」という屈辱的なものであったことが、この短い文から読み取れる。

「羽田へ来い」という返事を持ち帰った松平式部官長と、田島は三谷侍従長を交えて相談し、侍従長が天皇のメッセージをたずさえ、直宮《じきみや》のどなたかと同行して羽田へ行くことを考えたが、吉田首相は大磯へ行ってしまったので相談できない。

G－II（参謀部第二部）の渉外将校のテイト大佐から松平式部官長に電話が入るが、田島はこれを「雑音的」と断じている。不愉快だったのだろう。その内容を「日記」から読み取ると、「出発五時頃」とあるので、マッカーサーが十六日月曜日に羽田を発つのは朝五時頃という意味で、天皇が見送りに来るようにとの再度の要請であろうか。次いでバンカー副官の秘書から黒田式部官へかかった電話のことを、田島はもう一度「之モ雑音的」としている。不快な感情がはっきりと出ている。バンカー副官からもう一本の電話が首相の松井秘書官へ入ったが、これは十五日の日曜に天皇に会いたいという用件であった。十六日の見送りを断ったので、十五日に、となったのだろうか。チャン・ナン・アイとは、バンカーの秘書かもしれない。

「イツモノ例ノカ」というのは、従来通り天皇の方からアメリカ大使館を訪問するという形をとるのか、という意味であろうか。「前日申入ノlunchカ」は、皇居で昼食をと宮内庁側から前日に申し入れたのだろうか。だが、マッカーサーは参内する気はなく、天皇のほうからマッカーサーを訪問するようにと言われたのだろう。「従来ノEmbassy訪問ヲモ敢テスルカノ問題」とあり、〝ヲモ〟と〝敢テ〟に田島の無念さが込められているようである。

翌四月十四日の「日記」。

「10・30　Bunkerヲ松平訪問ノ上、十五日正午、Embassy陛下訪問ノコトトナル。Mc参内サセ得ズ、残念ノ感ニナヤム。拝謁二回。早朝一回8・20。夕方6・00。宮内庁病院、十年祝。1・15－3・30　津田塾理事会、官邸ニテ、高木、色野、辻、Rhodes、川西実三氏紹介。次長来訪、明日ノコト。御文庫へ参内」

田島は、十五日正午に天皇が米国大使館に訪問することになったのが残念でたまらない。「Mc参内サセ得ズ、残念ノ感ニナヤム」と口惜しそうに記している。「サセ得ズ」、それは側近全員の思いであったろう。エスター・ローズ（Ester Rhodes）はヴァイニングの後任である。

十一回目の天皇、マッカーサー会見。そして最後の、マッカーサー訪問の日となった。

「十五日（日）徒歩。10時頃登庁。10・30　松井氏ト御文庫へ。松井氏、昨日、首相 Mc 会見ノ様子等奏上。11・50　Mc 訪問。12・45　Embassy 発。還御《かんぎょ》。御茶頂《いただ》キ、内廷ニテ、新聞記者ニ一寸アヒ、松井ノ話ハ後日トス。午食後無為《むい》。拝謁講義少シ見ル。Bunker ヘノ礼　及　挨拶。黒田式部官ニ依頼。電話シテ貰フ。御訪問ノ節 Bunker 予期セシモ、Huff ナリシ為」

バンカーに会えることを期待していたのに彼は顔を出さず、ハフが代わりだったため、田島は自分で挨拶せず、式部官に電話するように指示している。田島の憤りはまだおさまっていないようだ。

十六日の朝五時頃に、マッカーサーは羽田を発つ。天皇がお見送りなどとんでもない。三谷侍従長が、〝御使《おつかい》〟を務めることになり、吉田も田島も同行する。

「十六日（月）5・10　松平官長同乗、羽田飛行場ニ行ク。三谷ハ首相ヨリ上席ニテ御使。〔中略〕General 名簿ノ人ダケ握手ス。Bunker、Huff トモ、握手ス。帰宅八時頃。松平氏ト朝食後、出勤ス〔後略〕」

最後の最後まで誇り高いマッカーサーは名簿にあるあらかじめ決められた人々とだけ握手し、去って行った。その翌日。

「17日（火）小雨。九時登庁。新聞見ル。Mc不参内《さんだい》、陛下訪問ニツキ、外字新聞以外、特ニ書カズ。〔中略〕Mc最後ニ一度参内セバヨカリシト思フコト」

マッカーサーが参内せずに天皇が大使館を訪問したことを、日本の新聞は特に問題にしなかったことにほっとしたらしい田島は、「Mc最後ニ一度参内セバヨカリシト思フコト」とまた記している。

田島は学習院大学で教えていたレジナルド・ブライスの英語のレッスンをとっているのだが、十七日の夜の「日記」には、「Blyth Mc御訪問ノコトト、孔子、顔回ノ為ニ泣クコト。此人ノ為ニ先例ヲ破ラヌデ誰ノ為ニ破ルカ。旧誼ニ厚クテ結構。MCは退官ト同時ニ参内ハHumiliateデ出来ヌトノ評」と出てくる。

ブライスと英語のレッスンをしたその夜、田島は言ったのだろう。顔回（顔淵）は孔子の愛弟子だが若くして死に、孔子はそのために泣いた。「顔淵死す。子、これを哭して慟す」と『論語』にはある。

マッカーサーは先例を破って皇居へ行くという行為を、天皇のために今しないで、いつ誰のためにするというのか、と悔しさをぶつけてきた田島に、ブライスは次のように語ったのであろう。退官と同時に参内するのは、マッカーサーにとっては屈辱的でできなかったのではないだろうか。

孔子と顔淵の関係が、ここでどう関連するかはっきりしないが、田島は天皇を孔子に、マッカーサーを顔淵にたとえたのだろうか。孔子は、〝顔淵〟の為に哭しているぞ……その〝孔子〟のために……というのだろうか。

また、「旧誼に厚クテ結構」は、天皇の最後のマッカーサー訪問を指しているのかもしれない。もう一度わざわざ大使館まで足を運んだのは、旧誼に厚い行動だったのにという想いであろう。「結構」の部分に、やはりマッカーサーへの不満が込められているように思える。

こうしてマッカーサー離日事件は終わるのだが、ここで顕著なのは首相・吉田茂の不在感である。天皇側近だけが、「最後は一度だけ参内を」とこだわっている。

これまで、そしてこの後も、吉田と田島は緊密に連絡をとり合っている。皇太子の家庭教師、ヴァイニング夫人の辞職や叙勲など、吉田からの連絡が電話や手紙など、直接本人からあるいは官房長官経由で届いている。しかしマッカーサー離日に関しては、十二日の打合せだけで充分と、吉田は考えたのだろうか。「羽田へくるように」との返事がバンカーからきたのは十三日。吉田は大磯で相談できないとあるが、十四日に吉田が訪ねることにマッカーサーは同意したと、リチャード・B・フィンは『マッカーサーと吉田茂　下』（同文書院インターナショナル　一九九三年）に書いている。

マッカーサーの参内について、吉田は介入したくなかったのかもしれない。フィンによると、「マッカーサーの解任にもっとも深く心を動かされた二人の日本人は天皇と吉田首相であった。両者とも別れの挨拶に元帥を訪問したいと熱望し、側近が反対しても容易に諦めなかった」とある。

また、マッカーサーの後任のリッジウェイは、回想録の中で「いかなる状況であれ、最高司令官が天皇を訪問してはならないという助言を受けていた」と述べている。フィンも同じことを書いている。それが勝者のとるべき態度という認識だったのだろう。アメリカからみれば日本はあくまで敗者の立場でしかなかった。

マッカーサー解任に、吉田がどれだけのショックを受けたかは想像に難くない。袖井林二郎編訳『吉田茂＝マッカーサー往復書簡集』（法政大学出版局　二〇〇〇年）の中の十四日付で吉田が送った「マ司令官の帰国を惜しむ感謝と告別の辞」にも、その気持ちは溢れている。

天皇側近たちのマッカーサー参内運動に対する吉田の無関心さは、マッカーサーが参内することなど有り得ないと熟知していたからなのかもしれないし、GHQの主の交替という難局にそれどころではなかったのかもしれない。

では、「マッカーサーの解任にもっとも深く心を動かされた二人」のうちの一人とされた昭和天皇はどうだったのだろう。どんなお気持ちで米国大使館に向かわれたのか。昭和天皇の本当のお気持ちを私たちとしても知りたいところである。

傷ついた最高司令官

これまでは日本側の〝屈辱感〟のみをみてきたが、逆にマッカーサーの〝屈辱感〟について言及しているのは、すでに引用したサー・セシル・バウチャーである。彼はGHQの中にオフィスを持ち、マッカーサーとは緊密に連絡を取り合っていた。マッカーサーが解任をどのように知ったのか、バウチャーは前述の著書の中に書いている。

「マッカーサーが自分の更迭を知ったのは、執務室から帰宅後、いつものように世界ニュースを聞こうと合衆国極東軍事放送のスイッチを回したときだった。トルーマン大統領の意図するところではなかったはずだが、実際は公共放送を通してマッカーサーが初めて自分の司令官職の解雇を知ることになってしまった」

公共ラジオで自分の更迭を知る。何という屈辱であろうか。

バウチャーの推測では、トルーマンは更迭の緊急メッセージをペイス合衆国陸軍長官に送っていたが、手違いで遅れたようである。どちらにせよ、あの誇り高き最高司令官がラジオで自身の解任を知らされたのである。

「私はマッカーサー元帥には強い共感と好意を持っていたので、彼がこのようになるのを目にすることは辛かった。彼が実際には、北朝鮮を打ち負かしたのだ。手薄な兵力をもって、ほとんど不可能な任務をやってのけたのだ。しかしながら、中国の介入によって、最終的な勝利は彼の手からもぎりとられてしまった。〔中略〕ただ、マッカーサーにも不注意な面もあった。合衆国の政治家や報道陣の罠にまんまとはまり、軍事的フラストレーションを表明したり、彼の名前でスタッフに報道記事やコミュニケを発表させていたのだ。その結果として、大統領とマッカーサーとの意見の齟齬をほのめかすことになってしまった」

マッカーサーの取った行動は、直ちに帰国することであった。

「シェイクスピアの『マクベス』のレノクス（ダンカン膝下《しっか》のスコットランド貴族）のように、マッカーサーにとって帰国命令は耐え難いものであったが、彼は直ちに離日した。偉大な軍人はもの静かな威厳を保ちつつ、頭を高く掲げ、傷心と落胆の様子など微塵も見せなかった。しかしトルーマン大統領による突然の更迭は繊細な感受性を持つ彼には、自国への非常に長い軍事キャリアと軍務の事実上の終焉を意味した。彼の離日の日の早朝、羽田の東京空港で私は彼を見送った。他に多くの将校と高官たちも来ていた。マッカーサーは車から降り、居並ぶ人々に歩み寄り、握手をした。感動的な雰囲気に満ちあふれ、誰しもこみあげてくる涙を抑えることができなかった」

とバウチャーは記している。この記述と「日記」とを同時に読むと、歴史のドラマというか、日米双方の考え方の違いははっきりと表れている。

田島を始め天皇側近の人々は、天皇とマッカーサーの間に、占領の六年間をつうじて、〝友情〟のようなものが生まれたと考えていたのではないだろうか。

そのマッカーサーが、突然解任された。遺憾の意を表すと共に、彼の離日を残念に思っていることを伝え、労をねぎらいたい。それが最高司令官だった人に対する礼儀でもある。他の人たちに会えというのではない。なぜ一度くらいは参内し、天皇に向かって帰国の挨拶をしないのか。「誰ニモアハズ」とは何事か。しかも、それでも会いたいのなら、早朝の五時に羽田へ送りに来いとは、余りにも非礼ではないか。

だが、傷ついたマッカーサーは、こうした場合に高位にあったアメリカ人が取るであろう行動パターンを実行している。強大な権力を日本で誇った彼にとって、突然の首切りは屈辱以外の何物でもなかった。日本における地位に彼自身酔っていたかもしれないことを考慮に入れれば、なおさらである。

こうした場合のアメリカ人の心理的反応は、「同情だけは真っ平」であることが多い。衝突やけんかはいい。だが、同情を受け入れることは、自尊心が決して許さないのである。

司令部のある第一生命館は、皇居のお濠《ほり》に面している。建物の前は歩道、そして道路を渡ると向う側の歩道があり、すぐ皇居のお濠となる。この位置に陣取りながら、六年間決して濠を渡ろうとはしなかった男。天皇の〝保護者〟として一段上に立っていた男が、無冠になった直後に、すごすごと濠を渡れるであろうか。「水に落ちた犬を撃つ」ような扱いを、礼儀正しい日本人がするはずもない。田島らは懇切丁寧に迎えるつもりだったとしても、そこでの言動のすべてが、敗者となったマッカーサーには、〝同情〟と映ったことであろう。

「こちらに用事はない。会いたいなら、そちらから羽田へ来い」というのは、最後まで〝勝者〟を演じたかったマッカーサーの精一杯の虚勢であったろう。

第一生命館の中には、マッカーサー執務室が今日も同じ状態で保存されている。

新司令官リッジウェイの登場

GHQの主は、マッシュー・B・リッジウェイ中将に替わった。朝鮮半島の軍事行動と、占領下日本の改革の指揮、二つの重責を引き継ぐのだ。だが、〝偉大〟な前任者の穴を自分がすぐに埋められるとは思わなかったのか、前述のセシル・バウチャーは次のように書いている。

「マッカーサー元帥離日の翌日、後任者マッシュー・B・リッジウェイ中将に挨拶のために、私は連合国最高司令部に出向いた。リッジウェイはマッカーサーが明け渡したばかりの執務室を直ぐに占有することに気が進まず、その代わりに隣接した小さな部屋に身を落ち着けた。

『バウチャー、私はこの「椅子」に謙虚な気持で座っているよ。これから学ぶことがあまりにも多くてね』

と彼は言った。これを聞いて、私はたちまち彼を好きになってしまった」

五月二日には、第一回目の天皇とリッジウェイの会談がアメリカ大使館で行われた。その日の「日記」。

「内廷庁舎ヨリ、10・20御発ニテ、Scap〔連合国総司令官〕Ridgway御訪問。三谷陪《ばい》乗《じょう》。供奉車《ぐぶしゃ》ニ松井氏ト同乗供奉。Ambassador Sebald玄関前ニ迎《むか》ヘテ二階御案内。Gen.ニ御紹介。二人ハ階下ニテAmb〔ambassador〕ト話ス。11・30頃発還幸《かんこう》。Returnノ話一寸《ちよつと》アリト。式部官長、陛下万歳ノ話。次長、明日総評サワグ話」

田島と三谷侍従長、通訳としての松井明首相秘書官の三人がお供をして大使館に到着すると、シーボルトが玄関前に出迎えて、天皇と松井通訳を二階へ案内した。田島とシーボルト、三谷の三人は階下で待った。従来と同じく訪問形式で会談が行われた。

ただ、「日記」の中にReturnが英語で書いてあるのは、マッカーサーの帰国のことか、答礼の皇居訪問が言及されたのだろうか。

八月一日には「一度Ridgway訪問後、調印後御招キノコト（Sebald訪問。道ハ一ツSebaldカRizzoカトノ話）」とある。平和条約の調印式が済んだあとは、リッジウェイをこちらに招きたい。しかしカッコ内は松平官長の話として、シーボルトによると、それは実現させる方法は一つしかなく、シーボルトを通してか、リゾー新民政局長を通じてかとの由。講和条約調印後ですら、占領軍の最高司令官を招くことが難しい時代だったのだ。マッカーサーの時代にはできなかった最高司令官の参内を実現させたいというのは、田島や松平の悲願であった。

八月二十七日、「次長、警視庁ヨリ電話。官長ニ電話。Ridgway 羽田トノコト。間違ナシト分リ、御訪問11－12。御会見内容松井氏ヨリキキ帰室。11・45 食後、官長来室。Ridgway 御ヨビノ大方針イフ」。

この日、天皇とリッジウェイの二回目の会談。朝鮮戦線へ行っていたリッジウェイが羽田へ戻ってきたので、予定通り会見が行われた。だがこれも天皇がアメリカ大使館へ行かれるという形になった。どうしてもリッジウェイの方からこさせたいという思いが、最後の一文に込められている。

三十一日には、「官長、Ridgway ニ案持参」とあるが、彼を招くための二つの違った案を出したのだろうが、相変わらず苦労している。

「日記」によると、九月十八日には、リッジウェイの皇居訪問が実現する。長年の悲願が叶い、田島はさぞ喜んでいると思いきや、

「Ridgway 一行来ル前ニ陛下ニ申上グ」

と、たった一行の記述である。思いは深いのだろうが、書き留めた文章は実にそっけない。

再燃する退位問題

首相・吉田茂は一貫して退位反対論者であった。その姿勢は少しもゆるがなかった。「天皇の退位に言及する者は非国民」と言い切った。昭和二十七年一月三十一日の衆議院予算委員会で、中曽根康弘が次のように質問したときのことが、中曽根の著書『自省録』(新潮社　二〇〇四年）にある。

「『過般の戦争について天皇には責任はない。しかし、人間天皇として、心の痛みを感じ道徳的呵責《かしやく》を感じておられるかもしれない。そういう場合、内閣はその天皇の自然な人間性の発露を抑えてはいけない。もし天皇が退位を考えておられるなら、内閣はそれを抑えるべきではない。天皇の退位という問題は、あくまで天皇が自ら考え自ら行動されるべきものではあるが、もしそのようなご決断が万一あれば国民や戦争遺族は感涙し、天皇制の道徳的基礎はさらに強まり、天皇制の永続性も強化されるであろう』

すると、吉田さんは、

『昭和天皇はこのままぜひ仕事を続け、日本再建に努力していただきたい。天皇の退位を言うものは非国民であります』

こう答えたのです」

だが吉田の答弁とは別に、政府と皇室の間では「退位」が度々言及され話し合われている。

退位問題への言及を「日記」から探すと、東京裁判の判決で退位が問題になっていた昭和二十三年が十四回と多いのは当然として、昭和二十四年五回、二十五年三回、二十六年二十一回、二十七年二回と、二十六年がとびぬけて多いのである。

天皇がご自身から言及なさった気配が感じられるのは、二十四年二月四日付「日記」である。

「拝謁。昨日ノ七十五歳退位ノコトニツキ御話。御誤解《おんごかい》ナキ様言上《ようごんじょう》ス」とされている。前日の午前十時から三十分田島は拝謁しているのだが、そのときに天皇が「七十五歳で退位したい」とおっしゃったらしい。そのことについて、「皇室典範」には退位の項目はないので、〝御誤解〟なさいませんようにと言上したのであろう。

二十三年の東京裁判判決を機にもちあがった退位問題がマッカーサーのメッセージによって収まったことはすでに書いた。では、なぜ二十六年に〝退位〟についての言及が多いのだろうか。多くの場合は日本語ではなく、Abdi（abdication）として出てくる。一つは敗戦によって占領下に置かれた日本が、ふたたび独立国として歩み出す講和条約締結がこの年であるということだ。独立をひとつのけじめとして、という形で退位問題が再燃した。

二十六年二月十四日付の「日記」では、「官長、元軍人ノ動キ、戦犯（木戸等）ノ動キノコトキク。abdi問題モフレル」と、松平康昌式部官長と、旧軍人の動きや東京裁判で終身禁固刑を言い渡された木戸幸一元内大臣などについて話した折、退位問題が出てくる。戦前戦中、天皇側近として権力をふるった木戸は、前述したように終戦直後は退位の意志を示す天皇を止めたが、講和条約成立をけじめとする退位には賛成派であった。二月十七日は、田島は小泉信三を訪問している。

「五時過迄《すぎまで》、イロイロ話ス。abdi問題、彼ハ不賛成」

小泉は退位に反対。二月二十二日には、友人の安倍能成（元文相・学習院長）が宮内庁長官室に来る。「Abdiノ話ス。Premierト懇談セヨ。早クユックリ」と「日記」にはある。田島が退位問題について話すと、安倍は吉田首相と「早クユックリ」懇談せよとすすめる。その四日後には、同じく友人の前田多門（元文相）が拝謁のために参内。「abdi の話少シフレル。Yニ話スコト。左程《さほど》急ガザルモYニ話ス外ナシ」と、前田もY、つまり吉田と相談することをすすめている。結局は首相の吉田にしか判断できないというのであろうが、どういう背景からこの問題がでてきたのかは、「日記」には記されていない。

三月二十七日には松平式部官長とふたたび話している。この後、田島は吉田と退位について話し合っているはずなのだが、「日記」には出てこない。四月十二日に「天野文相ニAbdi 首相ト話セシコト一部イフ」とあるので、これ以前に吉田と話し合ったことは事実で、その一部を天野貞祐文相に伝えている。同じ内容と思われるが、五月九日に来訪した安倍能成にも「Abdi 吉田首相ト話ノコト」と、吉田との会話について話している。

八月二十五日には、「田中徳、此際《このさい》 Abdi ノコト如何《いかが》。ナシト返事」という記載がある。田中共同通信記者が、退位はあるのかと訊ねたので、「ない」と返事したのだが、「此際」とは、講和条約調印が近いこの時期に、という意味であろう。

条約調印前日の九月八日に、田島は小泉信三を訪問する。

「東宮様、義宮様御訪問感想ト　講和ト非退位ニ仕立タ話。吉田ニ陛下御尋問ノ件ノ意見キク」。田島が小泉の意見を聞いた内容なのだろうが、「講和ト非退位ニ仕立タ話」というのはよくわからない。翌年の講和条約発効にあたり、非退位で話を進めようということか。天皇が吉田にこの点について質問なさるのはどうだろうか、と言っているのだろうか。この後、「日記」は「天野文相訪問。首相ト話合ノAbdiニ関スル事要領話ス」と続く。これを見ても、吉田と田島が退位問題を度々話し合っていることだけは間違いない。

翌九月九日には、再び安倍と話し合っている。「講和ニ付陛下ノstatementノコト。コレニ関スルabdiノコト。陛下首相ニ進退御謀《おんはか》リノコトノ可否」。講和後にステートメントを発表すること、また天皇が首相に、これを機会に退位すべきかどうか相談することの可否についてである。

田島は田中耕太郎最高裁長官を二十一日に訪問し、「例ノ問題殆ンドスベテ話ス。Abdi反対ハ確言《かくげん》ス。何カアルノハ日本ノ国会ニテモ論難アルベキニ付、批准《ひじゅん》前ニハ余《あま》リイヘヌノデハナキカトノ説」と話し合っている。

田島は退位は反対として、だが先の戦争について天皇が〝真のお気持ち〟を発表なさり、地位にとどまりながら日本再建の道を歩まれるべきとする持論を、田中に打ち明けたのではないだろうか。だが、田中は、現在の国会の状況はそれを許さないのではないか、講和条約の批准まで待った方がよいという意見らしい。

九月二十七日には、次長の話として、「abdi ノ台湾 news ノコト」という記述が出てくる。退位が台湾で報じられているのだろう。

二十九日にも小泉信三を訪問し、「Abdi 関係首相ト懇談ノコト」について話している。

十月一日になると、田島は再度田中最高裁長官を訪問している。「日記」には、次の記述が出てくる。

「御退位問題ハセットトル。陛下ヨリ吉田ヘノ御話ハ少シワザトラシ。吉田ヨリソレトナク奏上ニテ可。国民ノ address ハ文章ネリ必要。条約発効後、国会開会式御言葉ハ慎重ノコト」

〝セットル〟は、settle (settled) のことで、御退位はもう解決ずみ、〝進退伺い〟など不必要、吉田がそれとなく奏上すればよいというのが田中の意見と思われる。あるいは、こういう方針でいくことになったと、田島が田中に報告しているともとれる。国民へのステートメントは文章をよく練る必要があるとしている。

翌二日、田島は吉田と話し合う。中に「平和克服ニツキ勅語ノコト。ソノ奥ノ退位問題ノコト（ヨク小泉ト相談スルトノコト）」という記述がある。平和条約成立の勅語のこと、そしてその背後にある退位問題について、吉田もまた、小泉の意見を聞こうとしているのだろう。

十月十四日には「読売記者ノ追ヒカケ退位カトノコト」とあり、報道関係者も敏感になっている。

十月十九日には天野文相が来室。主な話題は文化勲章などについてだが、田島の「日記」には、「Abdi 変心ノコトキク。コチラ皇室ト国民ト関係ノコト御下命《ごかめい》アリシコト話ス」とも記されている。〝変心〟というのは、天野文相は退位論者であったが、意見を変えたという意味なのだろうか。田島の方からは、皇室と国民の関係がより密接になるように努めよという御下命があったことを話したのであろう。

十月二十四日には「式部官長　Sebald abdi 話アリシトカ」と、GHQのシーボルトも関心を示している。

だが、三十一日には次のような記述がある。

「緒方竹虎来訪。退位問題ニ付大野ト緒方斡旋《あっせん》トノ通信本ニナルトノコト。何等カ動キアリヤナシヤトイフ。ソレニ関連シテ立場話ス。confidential ニ」

緒方竹虎が来て、話している。緒方と大野（伴睦か？）が秘密に退位問題の調整を行うと告げたのではないだろうか。

翌十一月一日には十時四十五分に御座所に御召しがあり、その後田島は吉田に手紙を書くが、それが前日の会話と関係しているのかどうかはわからない。

十一月二日「〔前略〕野村大将来訪。3・20－4・00御木本《みきもと》ノ民間対米外交ノコト。社会事業家ノコトetc。退位論下村ガ何カイフトノコト。ハツキリ自説ヲノブ。同意ニトノコト〔後略〕」。

野村吉三郎元海軍大将が来訪し、御木本真珠の御木本幸吉が民間外交を推進しようとしていること、また「朝日新聞」の下村宏が退位について発言したことが話題になっている。退位問題について、田島ははっきりと自説をのべ野村元大将もそれに同意した。

昭和二十六年の「日記」の中に退位関係についての記述が特に多いのは、すでに述べたように講和条約の調印、そして、翌年五月三日の講和条約発効と憲法施行五周年の記念式典の「おことば」に何を盛るか、そしてそれを機に退位なさるべきか否かに、焦点があたっていたからである。

表舞台では、「天皇の退位を言うものは非国民」と言い切った首相の吉田である。

だがその裏では、吉田にとっても天皇側近にとっても重い問題であり続けたことが、田島の「日記」から垣間見える。〝退位〟という単語を、abdiと英語に変えようとも、両者にとって、限りなく重いものであった。

皇太后の崩御

昭和二十六年五月十七日、皇太后（大宮様）が六十六歳で急逝なさる。

「4・15頃　大宮御所小畑事務官来ル。電話モアリ、大宮様狭心症トノコト。早速《さっそく》両陛下御見舞《おみまい》御出ノコト。首相ニ電話。医師ト御近親通知手配。ヤガテ大宮御所ニユク。塚原、村山モ参診。陛下ニ拝謁、有《あ》リ儘《のまま》発表方御許シヲ受ク。先へ帰庁。新聞発表ヲナス。吉田モ大宮御所ニ至ル」

狭心症による崩御を受け、田島は御葬儀の準備に没頭することとなる。

「十八日　長官応接間ニテ御葬儀打合セ会。11前ニ岡崎次官来訪相談。後、法務総裁来ル。夜中一時半頃、法務総裁及佐藤法制局長来ル。二時過　大宮御所行キ。三谷ニ法的意見話ス。大宮様御死顔拝謁。秩父妃殿下、宮様御上京ノ御話。3・20頃帰宅。ネル。秩父妃殿下朝五時御帰リ。八時迄登庁。拝謁　1－3会議。秩父、高松、三笠　及東宮御殿　記帳弔問。松井氏来ル。ソノ前ニ官房長官来ル。午前、会議再開。7－7・30拝謁」

夜中の二時過ぎに大宮御所へ行った田島は、大宮様の「御死顔拝謁」を行っている。

十九日も多摩東陵実地検分や大喪会議に忙殺され、続く二十日も、陵の建設と予算の打ち合わせなどで忙しい。マッカーサーから弔電が来た。

二十二日には追号《ついごう》（死後におくる称号）の検討を始める。また、葬儀委員長としての辞令を受け、委員会を開いている。

二十三日には、皇太子の成年式の準備と御葬儀が同時に進行している。

二十五日にも、委員会を開いている。

「3－6　大喪儀委員会斂葬《れんそう》ノ儀。行列、道筋、参列範囲等。夕食後秩父両殿下ト書斎ニテイロイロ御話。〔中略〕癩事業ノコト、御歴史御史料編纂《へんさん》ノコト、歌集ノコト、各費用ノコト、内廷費、皇族費ノ最近傾向ノコト、皇后様ノコト etc。陛下ノ pocket money」

文中〝書斎〟とあるのは、長官官舎二階にある田島の洋間の書斎のことで、秩父宮御夫妻のお泊まりになる部屋の近くにあった。そこで両殿下と皇太后の思い出をいろいろ話し合っている様子が窺える。二十九日の中心は、皇太后への追号で終始している。

三十一日の大喪委員会で、おおよその事は決まった。

六月二日には「追号調書」がとどいた。そのあと田島は大宮御所へ行く。殯宮《ひんきゅう》、御遺体の入った御棺を安置しておく〝仮の御殿〟の検分のためである。

「午食後、本郷課長中心皇妃追号調書持参。2－3　大宮御所殯宮検分。白布不足注意。十時迄《まで》癩書類ヲ借リテ帰宅ス。六時頃御文庫《おぶんこ》ニ出勤。殯宮移御後ノ儀ニ大宮御所ニ供奉。十時帰宅」と他の用事と皇太后御葬儀の準備に忙しい。

五日も同じだが、「三谷ノミニ大正天皇ト大宮様ノコト話ス」という気になる一文がある。後でまた触れるが、お二人の仲がよくなかったという風評があるが、そのことについてであろうか。

六日には御用掛として皇太后に進講していた漢学者の加藤虎之亮《とらのすけ》博士が、追号説明書を持参。「二二字句修正ス」のあと、首相を訪問し、追号、予算、死刑執行を止めることなどを打ち合わせる。夜は「追号裁可ヲ仰《あお》グ書類浄書《じょうしょ》」とある。

八日には追号「貞明」が発表となる。

「小雨後晴。9・42　御文庫発ニテ大宮御所。御追号奉告御祭。十一時頃帰庁。十時追号発表。説明書ヲ大夫ニ届ケル。加藤博士電話追号ノ事、新聞記者。午食後大宮御所大夫訪問。廃官ノコト etc。午前ニ次長ニイロイロ話ス。御×ニ関スル秘話モ」

次長と話している内容は、貞明皇后の追号についての裏話であろうか。十五日には、三十日祭拝礼のお供をし、また貞明皇后の御遺書を拝見している。その日の「日記」の最後は、「食後秩父様御召シ　7・30－9・30　御遺書一部ヲ宮内庁役人ニ発表ノコト」となっているので、秩父様が宮内庁役人への発表の指示を田島になさったのであろう。

十八日は大宮御所へ集まり、九時半に出発、葬儀の予行演習を行う。都内は馬車で原宿駅まで行き、御召列車で浅川山陵のある浅川に着いたのが三時。原宿に戻ったのは六時だった。この日の「日記」に気になる記述がまたでてくる。

「大宮御所ニテ朝大夫ヨリ山川侍医ノ話キク。大正十四年八月子供ノ引ツケセクノコトアリ。ソレ迄《まで》大体ハ中ヨクナク、女官ハ皇后様付、大正天皇御気《おき》ノ毒《どく》トカ。入沢ト皇后様ト転地ニテ意見正反対。強引ニ、十五年八月葉山へ、ソレ故煩悶《ゆえはんもん》ニテ身体ノ御病気ハナカラントノコト」

皇太后に仕えていた大夫が山川侍医の話として語ったものらしい。大正十四年八月に、子供がけいれんを起こすような引き付けと咳の症状が大正天皇にあった。天皇と皇后の仲はよくなく、皇后付女官も天皇はお気の毒と同情的であった。皇后が入沢侍医長の反対意見にもかかわらず葉山への転地療養を強引にお決めになり天皇は煩悶された、身体の病気ではない、と山川侍医は語ったらしい。

二十二日は、御葬儀の当日である。四時に起床して御文庫へ行き、大宮御所へお供することからこの日は始まった。葬儀は無事終了したが、このあとも、四十日祭、多摩東陵前での山陵祭、五十日祭などの他、大宮御所で皇太后に仕えた人々の皇太后職廃官などの諸行事を田島は処理していった。

「巡幸もツグナイの意あり」

田島就任前の昭和二十一年二月に神奈川県から始まった巡幸は、田島退官後の昭和二十九年八月に行われた北海道を含め、四十六都道府県、三万三千キロの旅程である。その間、天皇は忙しいスケジュールを懸命にこなされた。

昭和二十六年に入り、最初に〝ご巡幸〟という単語が出てくるのは、二月十四日である。「首相、拝謁前御巡幸ト成年式ノコト話ス」と、吉田首相との会話だ。

次は三月二十七日で、「経済予算会議の後、松平来室ニ付abdiノコト一寸話ス」のすぐあとに、「ご巡幸もややツグナイの意あり。多少治安不安を敢えて御出掛よしとの意をきき同感す」とカタカナとひらがなが交じって記されている。あの〝天皇の真のお気持ち〟の表し方の一つとしての〝巡幸〟であることを、田島もよく理解していたに違いない。

京都ご巡幸が十一月十一日から始まる。その日の「日記」には、「東京駅御発車ト同時ニ御召シ約一時間。無事着京」。

翌十二日には、京都大学で学生デモが行われる。「雨。京大インタナショナル歌フ。知事此事ノ挨拶アリ。学長ヨリハナシ。首相ニ手紙、次長ニ電話。首相ニ通ズルコト」。京大の学生たちが革命歌のインターナショナルを歌ったことを田島は吉田にすぐ連絡している。

十四日「朝、主人御下賜木杯ノ箱書《はこがき》ヲタノム。5・30　京大学長来訪。行幸御礼ト少々学生サワギ御詫《おわび》ノ心重クナレドモ、御詫ハ長官ノ Discretion〔後略〕」と、京大学長は学生たちの騒ぎについてお詫び申し上げたいが、天皇に申し上げるかどうかは、長官の自由裁量におまかせすると言っている。

十八日「此朝首相手紙次長持参」。十九日には「知事官舎御宿泊ニテ両条約批准御認証。拝謁願ヒ吉田書簡ノコト言上」とあるので、十八日の吉田の手紙は、その日に参議院で承認された対日平和条約・日米安全保障条約の報告。その日のうちに、田島は、吉田へ手紙を書いている。二十日は三重県へ移動するが、「松井首相秘書官待チアリ。首相ノ秘命。副大統領 Barkley 来朝。拝謁ノコト。拝謁御許シヲ得」と松井秘書官が吉田首相からの秘命を伝える。副大統領バークリーに拝謁を、というもので、承諾の返事を松井にもたせる。アメリカ副大統領の拝謁要請が、なぜ〝秘命〟なのかは書かれていない。

二十四日は三重の御木本《みきもと》へ行幸なさるが、真珠王の御木本幸吉の態度が悪いと田島は腹を立てている。

「二十四日（土）昨日ノ荒天候《こうてんこう》、拭《ぬぐ》フガ如《ごと》ク快晴。午前御散歩。午後十二時御発。天皇旗翻《ひるがえ》リ、御木本行幸。御木本拝謁ノ際態度不作法。昨日打合ノ奏上文ナドソコノケニテ憤慨ス。予定通リ、二見御着。二見館ニ宿下リス」

二十五日の日曜日は、「8・30御発　4・40御帰京。御酒、スルメ、御文庫ニテ頂キ、部屋ニ帰リ〔後略〕」と、十五日間にわたるご巡幸がやっと終わる。田島にとっては、これが最後のご巡幸となった。昭和二十七年、二十八年には、ご巡幸はなかったからである。

田島辞任の噂

昭和二十六年十二月二十三日の誕生日で皇太子は十八歳になる。その年の二月二日には「10－12　立太子《りったいし》礼《れい》成年式会議第二回」とある。

五月十六日には「参与四人、野村、黒木、侍従長、次長ト相談。東宮御洋行ノコト。来年四月以降ノコト等」と、皇太子の教育に心を砕く側近たちが皇太子の外遊について相談している。

七月三日の「日記」。「Blyth稽古。東宮様近状。前途光明ナキコト、単調ナコト、性的年頃ノコトetc。小泉ニ電話」という記述がある。田島は学習院の教師のブライスから英語を習っているとすでに述べたが、ブライスが「前途光明ナキコト」などと皇太子の問題点を述べたてた。田島は心配になったのだろう、すぐに小泉に電話した。

七月六日、午後二時からの四十五分にわたる拝謁のあとで、「次長、私ノ辞職説×頃日中アル話キク。小泉氏訪問。当分辞職話セヌコトイフ。大正天皇ノコトニツキテノ陛下トノ問答話ス」という記述が出てくる。

田島が辞職するという噂があると、次長が言ったらしい。田島は小泉を訪問、しばらくは辞職の話はしないと言う。田島は小泉に心を許しており、「くたびれた」と打ち明けたこともある。また彼自身の気持ちとしては、早く『論語』をじっくり読めるようになりたいと考えていたらしい記述が時折「日記」にも出てくる。この頃から辞職の気持ちを、少しずつ口外するようになったのではないだろうか。

翌七日は、「安倍訪問。Resignation〔辞職〕評判ニ関シ昨日小泉ニ話セシト同様ノコト及皇太子ノコトイフ」と、友人の安倍能成に対しても辞職の噂について話している。

田島は本気で辞職する気持ちはなかったであろう。この時期、まだまだ皇室にとって大仕事が控えていたからだ。

第四章　天皇「おことば」を巡る攻防〈昭和二十七年の日記〉

「おことば」に賭ける執念

昭和二十七年は、皇室をお守りする立場にある田島にとっての大きな節目となる年である。講和条約発効、憲法施行五周年、そして立太子礼であった。

元日の「日記」は短い。

「一日（火）元旦。快晴。温暖。10・20－11・30 次長等、紀尾井町官舎×全部ト秘書官。1－2 帝国ホテル。Ridgway Reception。美志ハ不参。久邇《くに》サン西落合ニ年末賜品御礼参上。黒田式部官、Ridgway 親書賀状ノコトニテ来ル」

元日から、リッジウェイのパーティーが開かれている。〝久邇さん〟とは、皇后のご実家、久邇宮家のことであろう。

この年の五月三日には、講和条約発効と憲法五周年記念式典が行われる。その式典で天皇の「おことば」が発表されることになっていた。田島はある覚悟をもっていたと思われる。

さきに紹介した「謝罪詔勅草稿」には、戦中戦後を通して昭和天皇がいかに苦しまれ、自らを責め、責任の重さを痛感し、国民に詫びたいと考えておられたかが表明されている。

昭和二十三年に田島が関係した文書が、四つあることはすでに述べた。そのうちの三つ、「総理大臣ステートメント」、「長官談話」、「謝罪詔勅草稿」は、〝天皇の真のお気持ち〟を表明するものだったが、いずれも発表されることはなくそのままになった。田島にとっては不本意であったろう。

その三年後、昭和二十六年九月九日付「日記」に「講和ニ付陛下ノstatement ノコト」という記述がでてくる。この年の十二月にはstatement が四回出てくる。友人の安倍能成と小泉信三にも相談し、草稿を渡している。〝天皇の真のお気持ち〟の発表を、講和条約発効を機に今度こそという意気込みが、「日記」からは伝わってくる。

昭和二十七年五月三日の「平和条約発効ならびに憲法施行五周年記念式典」における天皇の「おことば」に、田島はその実現を賭していたのだ。

式典などでの「おことば」は一般に主催者側が書き、宮内庁が許可を与える形がとられる。しかし、この式典に関しては、主催者である政府が草案を作るのではなく、天皇ご自身の意向をうかがいながら宮内庁が作成した。長らく宮内庁担当記者であった藤樫準二は、『天皇とともに五十年』（毎日新聞社　一九七七年）の中でそう指摘している。

二十七年に入ると、「日記」では一月二日に続き七日、「侍従長来室。作文見セル。××

秘ナラヨシトノコト」とある。この「作文」とは、「おことば」の私案であろう。「日記」では「作文」「ステートメント」「おことば」の三種類の表現が使われている。

十五日も「終日在宅。例ノ作文」とある。田島はおことば案を一所懸命に練っていた。

二月に入ると、九日には「例の文章」を小泉信三に届け、十三日夜には三谷侍従長、小泉、宮内庁次長の宇佐美毅と共に官舎で議論している。


「5－9　官舎ニテ三谷、宇佐美、小泉ト例ノ作文。次長ノ修正案ニテ論議ス」


とあるので、宇佐美次長は田島の書いた草稿に対し修正案をすでに出していたか、この日に出したのであろう。いずれにせよ、田島草稿には異論があったらしい。

それを受けてか、十八日も十九日も「作文」と、田島は案文を練り直す。二十日には「小泉へ作文届ケル」。二十一日も二十八日も取り組む。二十九日には安倍能成が来室。「例ノ作文、相談。従来ノコト皆《みな》肯定。〔中略〕5－9・30　官舎会合。例ノ作文、小泉、三谷、宇佐美ト四人」。まだ議論を続けているところをみると、「皆肯定」とはいかなかったのではないだろうか。それとも、安倍だけは田島案に賛成なのであろうか。二月には、「おことば」について七回言及がある。

三月に入り、一日、「夜中ニ目覚《めざ》メテ作文ノ思付《おもいつ》キ書付《かきつ》ケル。此続《このつづき》ニテ作文最後ノ仕上ゲト急グモ結論ヲ得ズ」。田島は寝ても覚めてもおことば案のことを考えていた。二日も、「午後十時迄、例ノ作文推敲《すいこう》」。四日は「御召シ拝謁10・05－10・40。作文三通清書ス。次長ニ秘書課長ト作文相談ノコトタノム」と立て続けに「作文」が出てくる。この日は、吉田首相を訪問。「おことば」についても話し合っている。

「八紘一宇的」ではないか

六日には「雨。10・15　御召シ御座所、おことば八紘一宇的《はっこういちう》」という記述がある。この日田島は天皇に「おことば」の草稿をお見せしたところ、「これは八紘一宇的ではないか」、つまり古くさいのでは、という批評を頂いたのではないだろうか。そう推察されるのは、その日の夕方、「5－9・30　次長、高尾ト官舎ニテおことばノコト。若イ人ノ感覚」という記述があるからで、宇佐美次長と高尾亮一長官官房秘書課長と三人で話し合い、書き直している。高尾は次長よりかなり若いはずなので、彼の〝若い感覚〟も取り入れようとしたのだろう。

七日「おことば案推敲」、八日、高尾と「おことばノコト」。九日の日曜日、「終日在宅。おことば作成」。十日「9－11　高尾氏来室。おことば高尾案ヲヨミ、若干《じゃっかん》意見ヲイフ。

〔中略〕11・05－12・10　御召シ拝謁。おことばノコト」と連日のように、「おことば」が出てくる。「作文」は「おことば」に変わっている。

十三日も「おことば練ル」とあり、十四日には、「11－12　加藤博士トおことばノコト話シ加朱依頼。新旧二通渡ス」と漢学者の加藤虎之亮博士に添削を依頼している。十六日に続き、十七日「加藤博士おことば加朱分ニツキ打合」、「5－6　食後、加藤博士　おことば、加朱分ヲ浄書研究」。十八日は、「12迄、おことば推敲」と、「おことば」にかかりきりになっている。

二十一日も「おことば」について、小泉と話し合っている。

二十八日、「4・30－5・30　安倍訪問。おことばノコト、ヤメル意モアル話」とあり、「おことば」書きが難航しているので、止めてしまいたいということなのか。止めたらという意見もあるということなのか。

三十日の日曜も、作業に取り組んでいる。「御天気よし。午前中書斎にておことば整理。最後案作る」と、ここでは平仮名が使われている。当時としては、本来なら片仮名を使うのが正式な書き方なのだが、ふと気を抜いたときなどは平仮名になったと考えられる。

三十一日、「雨となる。おことば案、二つ天長ニ浴シ、侍従長、高尾ニ見せ、次長案決定頼む」とあるので、最終案を二つ作り、天皇におみせしたのであろう。

三月の「日記」には、「おことば」への言及が二十四回もある。大変な難航ではあったが、三十一日に二種の「おことば案」を天皇にお見せしたことによって、田島としてはやっと最終段階に辿り着いたと思っていたのかもしれない。

吉田茂や秩父宮の反対意見

だが、四月に入ると、この最終案にも各方面から反対意見が届く。
四月一日、「おことばノコト」、二日にも「おことばニツキ最終的意見」と出てくる。三日も、「吉田首相ヨリ使ヒニテ短イ方おことばノコト。コチラモ逆ニ再考方イフ」、五日も、「小泉氏訪問。おことばノコト」。六日「終日在宅。〔中略〕おことば作文」と「おことば」に取り組み、八日も「次長ニ吉田返事ノコトイフ。10・05–10・50　拝謁。小泉氏来訪。吉田ノ返事イフ」。また十一日も、「おことば案二通持帰ル」とある。
二十日に秩父宮両殿下に拝謁すると、「おことば六ヶ《むつか》しい。此際やめて正月御放意《ごほうい》とい
ふ例よくなきやとの事。〔中略〕9・30　侍従長、次長、小泉、おことば会議。大体首相案ニ従ふ方よしとなる」。「おことば」をどうするか難しいので、今回は止めて正月に天皇

が御心境を語るという形にしてはどうか、というのが秩父宮の意見らしい。「おことば会議」でも、田島案より首相案のほうがよい、という意見が有力になってきたようだ。

二十一日の「日記」。

「おことば案決裁。安倍訪問2・30－3・20。おことば原案固執。小泉氏訪問4－4・50。吉田ノ意見尊重説。帰宅。おことばについての長官としての考えまとめる。〃完全なる主権問題〃」

「おことば」案の決裁が迫っている。田島は自分の原案に固執しているが、小泉は首相案のほうがよいという意見だったのではないか。田島は過去の謝罪に重点をおき、首相は未来を強調したい意向だったのかもしれない。田島の苦衷が伝わってくるような記述だ。ともかく田島は敗れたわけで、帰宅して手を入れ直している。〃完全なる主権〃が何を意味するかはよくわからない。

二十二日、「早朝、おことば案最終整理及首相案賛成ノ理由ノート作る。十時拝謁前ニ侍従長トその事打合す。御召し、10－11。首相訪問　11・15－2。おことばのこと、陛下御軫念《ごしんねん》のこと」。

田島は案文の最終整理に入る。自らに言い聞かせるかのように、首相案に賛成の理由をあげてノートを作る。侍従長と相談した上で、天皇のお召しを受ける。その上で吉田首相のもとを訪れ、天皇が「おことば」について心配しておられることを伝える。また、同じ日に「英語ニ訳すること」と出てくるので、英訳も考えている。

二十四日「雨。次長、おことばノ仕上ゲ」。

二十五日、「3・30－4・20　小畑××氏とおことば英訳の打ち合わせ、おことば清書。練習用書上ゲ」と、「おことば」が続く。

二十八日には高松宮に、「おことば」について報告する。

「9　高松宮邸拝謁。おことば申し上ぐ。別ニ御話もなし。戦争の事ハいはぬよし。今更平和論をたふとい××××御話」

高松宮は戦争のことも、平和論にも、ふれない方がよい、という意見らしいが、天皇のお気持ちをよく知っている田島にとっては、納得しがたいものだったのではないだろうか。

同二十八日には、「12－1　三笠宮様御来室。約五十分位、おことばニ付御熟考御説あり」。

「日記」の記述を丁寧に辿ってゆくと、田島草稿が各方面からの批判を受け、首相案に落ち着く様子がみえてくる。

田島の遺品の中に、極秘と丸で囲んだ二文字が記された、よれよれの茶封筒がある。題

は「憲法五周年『おことば』に関する書類」である。中には田島の手書きのものも何通か収められている。たとえば、

「戦争の惨禍《さんか》は甚大を極《きわ》め、思想の混乱経済の動揺による一般の不安疾苦《しっく》亦名状《またいじょう》すべからず。一念ここに及ぶ時まことに憂心灼《ゆうしんや》くの思ひに堪へず、菲徳未然《ひとくみぜん》に之をとどめ得なかつたことを深く祖宗《そそう》と万姓《ばんせい》に愧《は》ぢる」

また、「事志と違ひ、時流の激するところ、兵を列強と交へて（遂に悲惨なる）敗戦を招き、国土を失ひ犠牲を重ね有史以来の不安と困苦の道を歩むに至つたことは、遺憾《いかん》の極みであり、（深く祖宗と億兆に愧ぢ）日夜寝食安からぬ思ひがある」

などとあり、あの「謝罪詔勅草案」の一部ではないかと思うほど似ている。だが「草案」は、「大日本育英会用箋」に書かれていたのに対し、これらは「宮内庁用箋」に書かれている。宮内府が宮内庁となった昭和二十四年六月以降のものであることを示している。なお、茶封筒に入っていた原稿の他に、バラの書類の中から四通、「おことば案」が出てきた。①は多分昭和二十七年一月。②は三月二十日付。③は三月二十三日付。④は日付なし。これらも含め、草稿の全文は、加藤恭子『昭和天皇と田島道治と吉田茂』（人文書館二〇〇六年）で発表した。

天皇の内外への謝罪のお気持ちをこの際どうしても盛り込みたい、それこそが天皇の真の御意志に沿うものなのだというのが田島の信念であった。それに対し、首相の吉田茂や小泉信三らは反対であったのであろう。

この封筒の中には、「おことば」問題の経過を記した文書も二枚入っている。それによると、昭和二十六年八月九日の拝謁より始まり、二十七年の三月六日で終わっている。最後の三日間のメモを紹介する。

「第三回朗読　反省ハ全面的だ
『愧づ』ハ『安カラズ』
首相で余りかへられたくない
首相会見　首相曰《いわ》く　理想なし」（二十七年三月四日）
「拝謁」（三月五日）
「『理想を入れろ、文化国家ハ共に悪用される』」（三月六日）

吉田首相と田島の意見のくいちがいは、この短いメモからでも読み取れる。吉田は謝罪の気持ちよりも、未来への理想を掲げる前向きのものにしたかったのだろう。

こうして田島の草稿と、発表された「おことば」を比べてみると、〝愧ぢる〟などの強い表現は消え、より角のとれたものとなっている。

この辺りの事情について、藤樫準二は前述の著書の中でこう書いている。

「独立式典を前にして、陛下は、その趣旨を当時の田島宮内庁長官に口述された。長官は慎重を期して、三谷侍従長、宇佐美次長、小泉信三の三氏とともに文案がねられた。その原案中には陛下のご希望もあって『敗戦の責任を深く国民にわびる』といった抽象的なお言葉が二、三ヵ所もあったが、『今さら陛下の謝罪はおかしい……』という、反対意見が強く打ち出されてしまった。ところが陛下の思召を率直に挿入しておきたかった田島長官がムッとして『そんなことをいうなら、君たちで書いて見ろ』と、顔色をかえて憤慨したという一幕もあった」

退位問題に終止符

そして遂に昭和二十七年五月三日、「平和条約発効ならびに憲法施行五周年記念式典」当日となった。

ところが午前十時二十分ごろ、宮内庁の鉄筋煙突に若い〝煙突男〟が上がり、赤旗代わりに赤毛布と「天皇制打倒」という意味の幕をたらして逮捕される事件が起きる。しかもこの男は、宮内庁用度課職員《ようどか》であった。

田島は辞職願を出す決心をし、その日の夕方には首相に提出する。式そのものは無事に終り、「日記」には「憲法記念日〔中略〕式典ハ無事ニ終了。約一年苦労ノおことばもよし」と書かれている。

式典での「おことば」は、新聞各紙によって広く伝えられた。

「天皇陛下のお言葉

平和条約は国民待望のうちに、その効力を発し、ここにわが国が独立国として再び国際社会に加わるを得たことはまことに喜ばしく、日本国憲法施行五周年の今日、この式典に臨み、一層同慶の念に堪えません。

さきに、万世のために、太平を開かんと決意し、四国共同宣言を受諾して以来、年をけみすること七歳、米国を始め連合国の好意と国民不屈の努力とによって、ついにこの喜びの日を迎うることを得ました。ここに、内外の協力と誠意とに対し、衷心感謝すると共に、戦争による無数の犠牲者に対しては、あらためて深甚《しんじん》なる哀悼と同情の意を表します。又特にこの際、既往《きおう》の推移を深く省み、相共に戒慎《かいしん》し、過ちをふたたびせざることを堅く心に銘すべきであると信じます。

今や世局は非常の機に臨み、前途もとより多難ではありますが、いたずらに明日を憂うることなく深く人類の禍福《かふく》と、これに対する現世代の責務とに思いを致し、同心協力、事に当るならばただに時難を克服するのみならず、新憲法の精神を発揮し、新日本建設の使命を達成し得ること期して待つべきであります。すべからく、民主主義の本旨に徹し、国際の信義を守るの覚悟を新たにし、東西の文化を総合して、国本につちかい、殖産通商を振興して、民力を養い、もって邦家《ほうか》の安栄を確保し、世界の協和を招来すべきであると思います。

この時に当り、身寡薄なれども、過去を顧み、世論に察し、沈思熟慮、あえて自らを励まして、負荷の重きにたえんことを期し、日夜ただおよばざることを恐れるのみでありますす。こいねがわくば、共に分を尽し事に勉め、相たずさえて国家再建の志業を大成し、もって永くその慶福を共にせんことを切望してやみません」

天皇の〝真のお気持ち〟をと草稿作りに心血を注いできた田島は、今回もまたその点においては挫折したことになる。

天皇の悔恨と謝罪の念を表現する厳しい文は消えた。吉田をふくめこれらを削除した人々は、天皇の戦争責任や退位問題などの議論が蒸し返されることを恐れたのだろう。それよりも、敗戦でうち拉《ひし》がれた国民を勇気づけることのほうが、天皇のためによかれかしとの配慮と誠意から行ったのであろう。ただそれは、天皇ご自身のお気持ちに沿ったものだった、と本当に言えるのだろうか。

だが一方で、この「おことば」が、〝退位問題〟に終止符を打つものとなったことは確かである。

五月三日付の『朝日新聞』夕刊は「『退位説』に終止符・お言葉　御決意を表明」と題して、次のような記事をのせた。二行のみ引用する。

「〔前略〕このお言葉は政界に久しくわだかまっていた〝天皇退位説〟に終止符を打ち、陛下が国民とゝもに新日本建設へ直進される御心境を明かにされたものとみられている」

五月三日、敗れた田島の「日記」は、すでに引用したように、「式典ハ無事ニ終了。約一年苦労ノおことばもよし」と簡潔に記されている。

「おことば」も、よし。マッカーサーを皇居に参内させられなかったときのような、後悔の痕は残していない。むしろカラッと終止符を打ったような爽やかさであった。

田島の辞職願は、却下された。

立太子礼とエリザベス女王戴冠式

講和条約発効にともなう「おことば」が過去へのけじめであったとすれば、次代の皇室を担う皇太子の立太子礼と皇太子の御訪欧は戦後皇室の未来を築く仕事であった。昭和二十七年における皇太子についての「日記」の記述は、一月三日葉山における拝謁から始まる。翌日の「日記」。

「四日（金）初登庁。次長ト菊栄親睦会ノコト。東宮写真ノコト。〔中略〕官長、東宮様用度」

皇太子の写真が初仕事となっている。十日にはこの年十一月十日におこなわれる立太子礼の相談をしている。

そして二月二十七日の「日記」。

「9・21発。秩父藤沢邸ニ伺フ。10・35頃着。御二階ニテ Coronation〔戴冠式《たいかんしき》〕ノ御経験及東宮様ノコト 承《うけたまわ》ル」

この年の二月六日、英国王ジョージ六世は逝去。翌年六月に行われるエリザベス二世の女王戴冠式に、皇太子を天皇の名代《みようだい》として送ってはどうかと秩父宮はおっしゃった。御自身の訪欧体験なども話されたのではないだろうか。三月四日に田島は吉田首相を訪問し、

「英国戴冠式御名代ノコト」を話し合っている。六日にも、「侍従長、次長、小泉氏、東宮様ノコト」と四人で話し合っている。

三月十一日の「日記」。

「勝沼博士ニ東宮ハ洋行ニ堪《た》ヘルヤノ心得ニテ拝診ノコトイフ。午後堪ヘ得トノ返事アリ」と、侍医に皇太子の健康診断を依頼し、洋行は大丈夫という返事をもらう。翌日その旨を三谷侍従長に伝え、奏上をたのんだのであろう。

三月十四日には、「次長、東宮様 escape ノ事件」という一行が出てくる。翌日の「日記」。

「十五日朝、次長ニ電話。小泉訪問タノム。小泉ニモ電話。登庁、三谷ニ東伏見ケガ御見舞ノコト。escape 其後《そのあと》ノコト。松平ヘ御酒賜リノコト etc。次長小泉訪問ノ結果キク。小泉始メ××黙秘セリ。但し殿下モ学友モ野村御小言《おこごと》トカ」

とある。escape＝逃亡とは、一体何があったのだろう。皇太子のご学友でもあった前出の共同通信の橋本明の証言が渡辺みどり著『美智子皇后の「いのちの旅」』（文藝春秋一九九一年）に紹介されている。高校三年の期末試験が終わった後、皇太子の発案で橋本明ら同級生とともに学習院内の清明寮を窗かに抜け出し銀座にでかけ、大目玉をくらったのである。橋本らは野村東宮大夫から「情においては理解できるが、理においては大バカである」と叱られたという。青春の一幕である。

三月二十二日は、「首相東宮ニ、後陛下ニ拝謁。其後首相ト打合ス。〔中略〕東宮様戴冠式ノコト」と吉田首相が皇太子と天皇に拝謁し具体化していく。

三月二十六日には皇太子と第四皇女順宮《よりのみや》が学習院を御卒業。両陛下も行幸啓なさる。翌日、登庁前に田島は常磐松《ときわまつ》仮御所に参上。お祝いを言上する。

六月に入ると、「二日、新木栄吉駐米大使訪問。東宮外遊ノコト」「七日、首相へ速達出ス。供奉ノコト、英女王御答電《ごとうでん》及××使者好遇《こうぐう》ノコト」と、外遊は準備の段階に入る。

七月の三日と五日は〝東宮ノ記念切手〟が問題になっている。二十四日には小泉信三と話すが、「外国ノ御伴《おとも》ハ辞セヌ口調」とのことである。

立太子式典の打合わせや準備は、八月九月とつづき、その間、野村行一東宮大夫が辞任を申し出ているので、田島は後任探しに苦心している。ヴァイニング夫人を式典に招待しようかという案も出たが、結局は取り止めになった。

皇太子の英国戴冠式への出席に関しても、連日のように出てくる。九月九日、「侍従長、次長ヨリ英国ヨリ Coro〔coronation＝戴冠式〕ニ招請アリシ旨外務省ヨリ昨日通知アリタリトノコトキク」と英国よりの招待状が届き、十一日には、Coroという表現が、「首相ト打合セ3－3・30。Coroノコト」のように三度も出てくる。また同日、渡欧についていく小泉に、その間は東宮大夫と東宮侍従長の両役を兼ねてくれるようにと頼む。

十二日、「次長、内閣官房長官ト談合。原則トシテ英国ノ招請御受ケ極秘ノコト」と、次長と内閣官房長官との話合いで、英国からの招待を受けたことはまだ極秘と決めた由。人選が難航しているのか、立太子礼後の発表としたいからか。

十三日、「10－12　講堂ニテ立太子礼等儀式、実地ニつき試む。食後1－1・30　拝謁。Coro東宮様へ御話のこと。昨日来のこれに関すること、昨日の会議模様、東宮様御人気切手のこと等。小泉氏訪問。昨日の話（Coro）を話す。福沢の手紙ニより仕官反対の苦衷示す」。小泉が大夫を引き受けてくれない理由は、戦災による顔の火傷跡のことだけでなく、師である福沢諭吉の仕官反対の遺志《いし》もある。

十九日には、「秩父宮ニ極秘ニ陛下ノ仰《おお》セ（東宮Coroノ発案者故、極秘ニ報告あり）」ともある。皇太子の戴冠式出席について陛下のお言葉を極秘に秩父宮に伝えた。ジョージ六世英国王の戴冠式には、秩父宮と宮妃が天皇名代として出席なさった。その経緯からも、秩父宮が、皇太子の参列をすすめていらしたことはすでに述べた。

十月は立太子礼の準備がつづき、式を二日後にひかえた十一月八日、立太子礼の予行演習中に英国女王からの電報がとどく。

「習礼。1・20－5。習礼中、皇太子様御名代ノコト、Queen了承ノ旨電報アリ。中上ゲテ4・30正式発表」

皇太子のエリザベス二世の戴冠式参列が、この日、宮内庁から発表された。

田島ベソをかく

十一月十日は、いよいよ成年式と立太子礼の当日である。宮内庁三階、仮宮殿、表北の間の式場に、吉田首相、大野伴睦衆議院議長、佐藤尚武参議院議長、外国大公使、民間人約三百人が参列した。午前十時に成年となったしるしに天皇が冠を授ける「加冠《かかん》の儀」が行われた。台上の天皇と皇后の正面に皇太子が座り、三谷侍従長が未成年の冠をぬがせ、成年の冠に替えた。次いで、皇太子の決意表明の朗読。十時四十五分からは、成年の装束に着替えた皇太子が、再び立太子礼のために表北の間に入った。

「明仁親王の皇嗣《こうし》たることをあまねく中外に宣す」と、田島が宣誓書を読み上げた。次いで吉田首相と外交団代表ドジャン仏大使が、お祝いの言葉を述べた。吉田の「茂謹《つつし》ミテ言《もお》

ス　伏《ふ》シテ惟《おもん》ミルニ」で始まる祝詞は、十一日付の「朝日新聞」「天声人語」で「『臣・茂』式の逆コース調である」と批判されたが、敗戦以来皇室をずっと見守り続けた吉田にとっては、感情の自然な発露だったであろう。十日の「日記」には、事実のみが淡々と記されている。

だが翌日、これまで式の準備に心を砕き、また皇太子の成長を見守ってきた田島としてはほっとしたのであろうか、心情を吐露した記述がある。

「9・30登庁。部屋ハ、バルコニー御出《おで》マシノ為メ使用不能。〔中略〕11・30　部局長及侍従職関係ト列立。両陛下及殿下ニ拝賀ス。少々感激的ニナリ一寸《ちよつと》ベソ。〔中略〕バルコニー五回御出マシ。十二時ノトキ、疲レハセヌカ、疲レタデセウト、両陛下ノ御言葉賜フ。四時帰宅」

「一寸ベソ」とは、ほほえましい。

十四日、「松井首相秘書官来訪。昨朝首相ヨリ、東宮供奉内命アツタ故。旅程、予算等、作成ノ打合ノ相談ニ来タトノ話。小泉ノコト、一応キマリナルモ再検討申入レノコト。小泉以外トナレバ、松井氏デナイカモ知レヌ等。従来ノ経過打明ケ話ス」。

皇太子の外遊にあたって、松井は首相の指示で外務省に戻り、参事官として随員の一人となることが決まった。

十五日には、「12・45　祝賀東宮様御ことば御立派。〔中略〕休所ニ東宮様御出マシ。1・30迄。ソレヨリ広場ニユキ、東京都祝賀式ヲ一般席ニオイテ見ル。東宮様御立派、おことばも」と、皇太子を誉める言葉が二度出てくる。

天皇と吉田の対立

立太子礼も終り、自分の役目も果たしたと思ったのか、田島は十一月十六日には「退職願《ねがい》上奏大要起《じょうそうたいようき》草《そう》」と、退職願を書く。

十八日「次長、官房長等ニ面会。東宮ノコトニツキ、首相指揮振リノコトキク。陛下ニ御話ノ原稿、次長ニ見セル」とあるが、これが十六日に書いた退職願上奏大要なのだろうか。

二十日、「小泉君五時過来る。辞職ニ反対らしく、東宮妃までという。勝沼と三人夕食、皇太子様の御くせと、御疲労の時のコト」と、小泉は、東宮妃が決まるまでは辞職しないようにとすすめている。

二十一日、「次長と、辞職の上奏案文ニつき、陛下ニありのままとはいへ、駄目との意見ハ尤も。又反省すれば、御渡英の事吉田ニぶつからぬハ、職務怠り。兎ニ角、四年半ニも成るから、こん度の辞意此際駄目とのこと」。

辞職を願い出るにあたり田島がどういう上奏文を書いたのかは不明だが、それについて宇佐美次長と協議している。次長は、たとえありのままでもこのような上奏文を出すのは駄目という意見らしい。田島もそれはもっともと了解している。皇太子渡英について、田島は吉田首相とかなりぶつかったらしい。だが、ぶつからなければ、自分の職務怠慢ということになる。就任して四年半になるのだから、辞職はこの際駄目と宇佐美次長は主張している。〝この際〟の入り方が少々おかしく見えるが、皇太子の英国女王戴冠式出席という大事を控えているこの時期に、退職は困るということであろう。

皇太子御渡英については、打ち合わせをつづけ、二十九日は、「10－11　目黒、首相ニアフ。〔中略〕小泉夫妻、外務省顧問カ何カデ、ブラリ出掛ケテ、師傅《しふ》役タノシンデクレトイフ。〔中略〕御供ノ条件、陛下直接ノ御信頼、別働隊デ行クコト。小泉訪問通ズ」とある。小泉夫妻は随員としてではなく、別働隊として渡英し、皇太子のお力になってほしいと頼んでいたのだった。

皇太子の外遊について問題点が一つあった。それは交通機関を飛行機にするか船にするかであった。後で述べるように天皇は船を望み、首相の吉田は外交的配慮から飛行機でと要請していた。田島が皇太子渡英について吉田とぶつからぬは職務怠慢、とまでいったのはこの事を指してのことだろう。田島は十一月十六日、小泉の意見をもとめるが、「飛行機、船、小泉何トモイヘヌ、トノコト」と、小泉の意見も固まっていない。

十二月に入ると、連日のように側近たちは話し合っている。六日、「侍従長来室。カナダ飛行機ノコト、小泉ノコト、昨日首相セシコト」とある。

首相はカナダの飛行機でと主張しているようである。

十日、「朝、首相アテ、戸田モ入レテ、六人ノコト。旅程往路ノコト。小泉駄目ノコト、手紙書ク」。

十三日「首相へ手紙。小泉アンタンドノコト。訪問国随員戸田トモ六人。外三人ノコト。〔中略〕六時帰宅。夕方首相ヨリ返信アリ」。

田島は吉田に手紙を書き随行員について相談している。〝アンタンド〟とは、フランス語の Il entend と考えられる。そうだとすると、発音は〝アンタン〟である。つまり〝小泉了解〟ということなのだろうか。十四日の日曜日には、立太子礼の写真を選び、ヴァイニングに送る手配をしている。

十二月十六日「東宮御巡遊閣議」とあるが、この日の閣議で随員、訪問国と日程が承認された。日程は昭和二十八年三月下旬から六ヶ月。訪問する国はカナダ、英国、フランス、スペイン、イタリア、ベルギー、オランダ、デンマーク、ノルウェー、スウェーデン、スイス、アメリカの十二ヶ国。随員は首席が三谷隆信侍従長、随員としてすでに触れた松井明、宮内庁式部職儀式課長の吉川重国、黒木従達東宮侍従、同じく戸田康英、東宮侍医の佐藤久であった。また、以上の十二ヶ国に、二十八年一月には西ドイツとバチカンが加えられることになる。

天皇の侍従長である三谷が六ヶ月もの間日本を離れるのは、田島の思いきった決断と言える。吉川は、秩父宮がジョージ六世の戴冠式に参列したときの随員だったので、その経験を買ったのであろう。

そもそも今回の出席は、〝敵地〟へ乗り込むようなものであった。元日本軍捕虜を中心に、英国ではまだ反日感情が強かった。敗戦後七年しか経っていない時点で、敗戦国の皇太子が元敵国を中心にこれだけの日数と費用をかけて回るということ自体、計画の中心となった首相の吉田、宮内庁長官の田島、そして式部職の英断だったといえる。

十八日には、御外遊の予算と皇居の改造について話し合っている。「9・30－11・30。

御渡欧予算。三谷、松井、次長、主計課長、三谷ノ交際費ノコト。〔中略〕2・30－4・30。御文庫改造会議。次長、侍従次長、監理部長、業務課長、D案トナル。御文庫拝謁。4・55－6　帰宅」

占領も終わり新宮殿を造営したいというのが吉田首相の前々からの意向であったが、天皇が承知なさらないので、せめて湿気が多くて不健康な御文庫の改造をしようということになった。D案がよいとなった模様。

D案の中身はわからないが、十九日に田島は首相に面会、それで納得してもらう。二十三日の「日記」に興味深い記述がある。

「松井参事官来訪。Canadian Pacific ノ飛行機ニせよとの話。首相（白洲ノ）××拒絶ノ外ナシトイフ。〔中略〕侍従長来室。〔中略〕松井の事奏上の由きく。松井電話。有りの儘《まま》話して黙ってきいていた。息を抜くとのコト」

首相の意向として、皇太子の交通手段をカナディアン・パシフィックの飛行機にしてはと、外務省の松井明参事官が言ってきた。首相というよりも、これは吉田の懐刀である白洲次郎の画策だと田島は解釈し、「拒絶ノ外ナシ」と答えている。あとで松井が電話してきて、首相にありのまま話したら、黙って聞いていたと報告したらしい。「息を抜くとの事」は、首相が一息いれると言ったのだろうか。首相の側が飛行機にこだわるのはなにか政治的思惑があったのかもしれない。それで田島は白洲の名を出して批難したのだろう。

二十六日の「日記」をみるとこの問題は深刻の度合いを増す。

「高松宮妃殿下御誕辰拝賀。10・30　イスラエル信任状捧呈、首相ニ合ハズ。10・45ヨリ内奏。認証式十二時少シスギル。侍従長ヨリ東宮往路ニツキ陛下ノ思召《おぼしめし》ニカカハラヌ話キク。閣僚等　御陪食。一時×頃三谷ニキキ緒方氏ヲ追カケテ室ニテ首相へ翻意方タノム。特ニカナダニ新タナ手打タヌ様タノム。〔中略〕夜、緒方氏ニ電話。二十九日マデ待タズ何トカ願ヒタシ。×××　陛下思召シ拝謁の際の様子、双方相当ニ強ク、之《これ》ハ早ク理屈なしにきめて、即《すなわ》ち首相おれて貰ふその為の連絡わるいと思ふなら、私がわるいといってもかまはぬ。〔中略〕国事といっても陛下の御子様の事故、陛下の御安心のゆく方がよろしい。何とか願ひますといふ。よろしい、明日朝の内ハ人ニ会ふが……の話」

平仮名と片仮名が交じっている。かなり混乱があったのかもしれない。皇太子の交通手段を飛行機ではなく船で、というのは天皇の意向であったことがわかる。三谷侍従長に天皇の考えが変わらぬことを確認した田島は、緒方竹虎副総理兼官房長官に吉田への斡旋を頼む。飛行機で行かせたくないという天皇の意思は強く、国事とはいえやはり事故が心配。

自分を悪者にしてよいから天皇が安心なさるように吉田を説得し、またカナダ政府にもうまく手を打ってくれ、とお願いした。天皇のご意思と政府の意向との間で、田島が必死の努力をしている様子がうかがえる。

二十八日は、三九度の発熱。日曜だが、仕事はある。二十九日には出庁。夕方には三八度七分になる。「歳末御祝詞失礼。〔中略〕御渡欧予算ノコト、一億以上デモヨシ。緒方氏ヨリ電話。円満、話済トノコト」。緒方から電話があり、皇太子の外遊は船でいくことで円満に決着した。渡欧の予算もようやく承認されるらしい。田島はさぞかしほっとしたことだろう。熱をおして出庁した甲斐があった。

三十一日「次長、東久邇見舞ノ報告。東宮様一億一千万ニ決定トカ」と、当時のお金で一億一千万という莫大な渡欧費用が決定された。

この昭和二十七年という年に田島がどれだけの時間を東宮問題にさいたかは、「日記」に出てくる回数からもうかがえる。拝謁、会議も含め、皇太子に関しては、一月六回、二月三回、三月八回、四月二回、五月三回、六月五回、七月五回、八月六回、九月十五回、十月八回、十一月十二回、十二月十六回の合計八十九回の言及がある。

A級戦犯たちの天皇批判

独立をなしとげ立太子礼などの慶事が続き、敗戦から七年目の日本は落ち着きを取り戻してきているようにみえる。

だが一方で、戦犯に指定された人々はまだ巣鴨刑務所に収容されていた。田島の「日記」を見るかぎり、山梨勝之進元海軍大将がこれらの人々と宮内庁との連絡役であったようだ。七月八日の「日記」は「10・15－11・05　御召シ拝謁。山梨大将来室。徳川ノ話、木戸、吉田への伝言の話」と、終身禁固を宣告された木戸幸一元内大臣から吉田首相への伝言を山梨が頼まれたらしい。同じ月の十六日。

「登庁ス。10－12　山梨大将、巣鴨ヲ半日訪問ノ時ノ話。A級デハ、橋本欣五郎、賀屋興宣《かやおきのり》、大島浩一番弁ゼシ由。天子様ニ対シテモ××××モノモアルトイフ説モ、小声デイツタトカ」

「天子様ニ対シテモ」以下四文字は判読できないのだが、戦前の政府転覆計画である三月事件、十月事件の首謀者であった陸軍の橋本欣五郎、そして賀屋興宣元蔵相、大島浩元駐独大使らの戦犯が、天皇に対してなにか否定的な内容を巣鴨で言っているようである。

八月四日も、「山梨大将来訪。拝謁ノコト。巣鴨ノコト。（吹聴セヌコトニ念ヲ押ス）」

と〝巣鴨のこと〟が話題になっている。田島は山梨に吹聴しないように念押ししている。

少々あとのことだが、昭和三十二年二月十三日の「日記」に木戸幸一を訪ねたときの様子が書かれている。木戸は昭和三十年にようやく釈放された。

「大磯、木戸元内大臣訪問ス。退任ノコトキク。巣鴨の人タリシ為メカ、×立場ノ陛下ノ御言葉失望ノ旨キク。経過ハ話ス。巡幸ハ兎ニ角、音楽会等御出掛ケ感心セズ。法体トナラレシ方モアリ云々。ソレカトテ今般ハ御退位ニツイテハ積極的ノ意思ナシ」

天皇退位論者だった木戸に田島は改めて意見を求めるが、退位についてはこのときは意見を述べなかった。しかし、天皇の「おことば」には木戸は失望の意を表明。さらには天皇が音楽会等に行くことを批判する。戦争指導者のなかには仏門に入った人もいるのだから、と木戸は言っている。田島はそうした木戸を、戦犯として巣鴨に囚われていたから天皇に厳しいのだろうと見ている。

木戸と田島、敗戦を境とする新旧の天皇の最側近。二人の天皇への想いは相当に隔たりがある。

第五章

吉田茂と田島道治

〈昭和二十八年の日記〉

秩父宮の死

御殿場にお住まいの秩父宮両殿下は上京なさると、田島夫妻が住む長官官舎にお泊まりだったことはすでに述べた。直宮たちの中でも、田島が最も尊敬してしばしばご意見をうかがっていた秩父宮だったが、お体は弱く、昭和二十五年八月六日の「日記」には、胸部カリエス手術の話が出てくる。

その後も秩父宮の病気のことは時折でてくるのだが、昭和二十七年の大晦日、「夜十時頃、三谷、宇佐美来訪。秩父様危篤説高松邸ヨリ電話アリ。御見舞行幸カ、明日万一ノ時儀式カノ問題。当方知ル所申上ゲ、見送リノコトトス」と、「秩父宮危篤」の一報が高松宮から入る。元旦の儀式をどうするか、万一のときにそなえて田島は三谷侍従長、宇佐美次長と深夜、話し合っている。

明けて昭和二十八年の元旦。田島は発熱のため床にふせっている。妻の美志が代わりに参内。

「昨夜の事をふくみ藤沢ニ電話し、阪口、三十、三十一日拝診の結果、兎ニ角××なく事ハ確かと思ふ。十一時頃、次長来訪、相互ニ秩父様の事きき話す。昨夜の依頼ニて西野、阪口ニ直接××る症状も判明す。植秘書官来る。年賀郵便処理ト秩父様万一の心構へ話す。〔中略〕その後次長再び来る。秩父宮ニ関して。その前に侍従長来る。秩父宮問題ニて。fatal 判明せば、神経をいたませねば明二日《あす》御見舞行幸も可といふ」

西野、阪口両医師からの報告もふまえて、植秀男秘書官には万一の場合の心構えについて話す。もし秩父宮が致命的状態（fatal）でおられるなら、そして精神的にあまりご負担にならないようなら、翌日、天皇がお見舞いに行かれてもよいのでは、と侍従長と相談している。

一月三日の「日記」。

「夕方秩父様重態の電話。両陛下御見舞行幸啓、九時の予定ニて御文庫ニ行く。八田博士鵠沼より帰京、拝謁。Shock の為御中止。田島、八田博士と同道鵠沼にゆき、御重態故、高松宮、松平信子さんと後事いろいろ御相談申上げ、一時過ぎ鵠沼を出づ。新聞のフラッシュに驚く。〔中略〕実ハ２・30頃御危篤。新聞等公表ハ四時半薨去《こうきょ》」

夕方、秩父宮重態の電話があり、藤沢市鵠沼の秩父宮邸から八田博士がかけつけ天皇に報告。秩父宮見舞いの行幸啓はショックのため中止になりついに薨去。皇太子を戴冠式の御名代にと推した秩父宮であったが、その実現を見ることはかなわなかった。

四日は午前中に鵠沼へ行幸啓、御葬儀の相談、豊島岡墓地検分、長官室にて会議、拝謁などに忙しい。五日には秩父宮の遺志で御遺体の解剖が行われる。六日は鵠沼へ両陛下の御弔問にお供したが、帰途気分が悪くなり、七日は休養している。

八日より再び御葬儀などの準備のための指揮をとり出すが、田島のショックは大きい。「朝日、解剖のこと書く。諸紙いろいろ」と、新聞には解剖の件が報道されている。

翌九日、三番町の宮内庁分室に秩父宮の御遺体が鵠沼から移され、両陛下と皇太子が対面なさった。

十日には田島は豊島岡墓地を視察し、墓標を書く練習をしている。十一日の「日記」。「快晴。午前日記整理。一時ニ豊島岡ニ行き、『大勲位雍仁《やすひと》親王墓　昭和二十八年一月四日薨』と八寸角表裏《はっすんかくひょうり》ニ書く。式場及墓所検分。四時頃三番町。五時、東宮様モ御列席ニて、二階ホール、霊代安置の儀行ハる。小泉モ御通夜ニあり」

墓所へ行き、墓標を書いている。三番町分室で、お通夜が行われる。

次いで十二日は柩前祭の儀式の後、落合火葬場にて火葬。三番町の地下室に御遺骨を安置し、その旨を拝謁して報告する。

十三日の「日記」には、「8・20　斂葬《れんそう》後第一日及十日祭。権舎の儀。皇太子様も御着席。10・40　豊島岡墓前祭。〔中略〕1・42　御出門。両陛下豊島岡御参拝ニ供奉す。御墓所ニ妃殿下、高松両殿下トモ御出ニナル。〔中略〕四時過、書陵部ニテ御葬儀皇統譜《こうとうふ》ニ署名ス。〔中略〕8・50　美志と三番町へ上る。妃殿下の御述懐あり」と記されている。種々の儀式をこなしたあと、三番町の邸で秩父宮妃殿下はいろいろな思いを、田島にお伝えになったのであろう。

十四日には、「三番町にて妃殿下にジャナリズム等御注意申上ぐ。信子さんにもっと委細申上ぐ」。新聞記者を警戒するよう妃殿下にアドヴァイスしている。妃の母である松平信子にも報告。

二十三日は鵠沼で、秩父宮二十日祭が行われた。

二十八日には「秩父宮妃殿下御来室。1 Dissection〔解剖〕ヲ内容ニプレス公表スル方法。2御墓ノコト」とあり、三十日には「近クアル機会ニ解剖ニフレルカモ知レズ」、また同日、「秩父宮妃殿下へ御電話、Dissection ノコト」とあるので、ご遺体が解剖に提供されたことは内密だったのだろう。八日付の「朝日、解剖のこと書く」は、誰かが洩らしたスクープだったのかもしれない。

二月二日は秩父宮三十日祭。三日には、「2－3　豊島岡ニテ妃殿下ニ拝謁。Dissectionノコト、申上グ。保健同人記事御憤慨アリ」と、『保健同人』の秩父宮の解剖に関する記事が、宮妃の不興を買っている。四日も鵠沼で墓前祭。

九日の「日記」にもこのことはでてくる。「妃殿下ニ医師関係申上グ。(此儘《このまま》ニ黙過《もっか》出来ヌ意味ヲ仰セアリ) 高尾ニ保健同人ノ法律ニフレル点、刑法134」。高尾秘書課長に『保健同人』が法律にふれているかどうか調べさせている。だが刑法一三四条の適用は無理という結論に達した。

二月二十二日は、秩父宮五十日祭であった。ご上京の度に長官官舎にお泊まりになった秩父宮は、田島にとっては何でもご相談できる方であった。

信頼できる弟宮を失われた昭和天皇のお悲しみも、また深かったに違いない。

皇太子の御渡欧

昭和二十八年は前の年に決定し準備していた皇太子のエリザベス女王戴冠式出席への旅が実現する年でもある。一月十九日の「日記」は、「次長、東宮様御渡欧御出発迄ノ行事表見セル」と、いよいよ御渡欧が近いことを感じさせる。

翌二十日には「東宮様御土産検分ス」と、皇太子が持参するおみやげについて検討し、その翌日には「御土産品確定品一覧ス」と見本もそろう。二十九日には、両陛下がおみやげ物をお確かめになる。

三十一日には皇太子外遊の乗船である米国船のプレジデント・ウイルソン号が横浜港に入港したので、次長と侍従長が検分に行っている。

三月に入ると十日、東宮洋行外交団を皇居に招き秩父宮妃殿下が臨席されている。二十八日は「侍従長来室。出発の挨拶と打合。〔中略〕次長、横浜のおことば案。〔中略〕此夜ハ東宮御所にて両陛下、宮様等御招き留別会」と皇室内の送別会が行われている。

二十九日、日曜の「日記」は、「9・15－10　東宮様御発の番組きき、二階ニ上リ日記等整理。漸次雨やむ」が全文で、他には何も触れていないのだが、吉田伸弥『天皇への道』（読売新聞社　一九九一年）では、この日、随員の壮行会が行われたとある。

「田島宮内庁長官は、出発前日の二十八年三月二十九日、常磐松の東宮仮御所で開かれた随員の壮行会で次のように訓示した。

『ご旅行中第一に考慮しなければならないことは、殿下のご健康である。公式の行事などで予定の変更が困難な場合にもご無理が願えるよう、平時の健康に注意してもらいたい。〔中略〕ご休養それ自体がお仕事であり、のちのご予定への準備である。

最近の新聞にはいろいろな批判が出ているが、その中でとくに目立つのは東宮様に自由を、という議論である。われわれも、もとよりかくあるべきと考えている。ただ新聞は、その自由を阻んでいるのはあたかも宮内庁の役人であるかのごとく報道しており、その点はまことに不本意である。今後とも各種の批判があるであろうが、要は正しいと信ずることを実行することであり、世論におもねる必要はなく、また反抗する必要もない』」

確かに宮内庁はしばしば批判の矢面に立たされている。それは当時も今も同じであろう。皇太子の自由についてどう考えていたのか、田島長官にぜひ聞いてみたい気がするが、この内輪の壮行会では、そこまで言及していない。

三十日、オープンカーで皇居を出た皇太子は、三時十分に横浜港に到着。ウイルソン号に乗船。四時に出帆となった。「日記」の記載は「東宮御出発。1・30発ニテ単身ニテ横浜ニユク。沿道堵列《とれつ》、相当ノ人出ナリ。ラウンジニテ乾杯。首相及Dening大使。定刻四時出帆」と簡潔である。

四月三日の「日記」で、田島は東宮御渡欧記念切手の発行に反対している。立太子礼のときもそういう動きがあったが、渡欧は立太子礼ほど大事な行事ではないと位置づけ、記念切手を出す必要は認めないとしている。また、日本には存命者の事柄記念を出した例があるのかとも問うて硬骨漢ぶりを示している。

十一日（現地時間・以下も）に皇太子はサンフランシスコに無事到着。十三日、皇太子は飛行機でバンクーバーへ向かう。

皇太子は十九日に汽車でオタワ着、二十二日にニューヨーク着。英国船クイーン・エリザベス号で大西洋を渡り、二十七日にサザンプトン港に入港した。

五月十六日の「日記」。「10－　外相拝謁。休戦ノコト、日韓会談ノコト etc。〔中略〕侍従次長、外相奏上後御伝言 Churchill ノ宴会、バッキンガムノコト」。皇太子がチャーチル主催のバッキンガム宮殿におけるパーティーに出席したことが話題になっている。

「天皇回想録」の試み

皇太子が旅立ってすぐの四月二日の「日記」では、田島と小泉信三が東宮妃問題、小泉の洋行などいろいろ話し合っているのだが、最後に「陛下記録問題」という一行がぽつんと出てくる。また同じ月の二十一日に「御召し　11・40－12・20　永積氏ニ記録ノコト打合ス」とあり、二十三日にも「永積侍従ニ記録ノコト話ス」。小泉だけでなく、昭和天皇の御学友でもあった永積寅彦侍従もまじえ、「記録」のことが話題になっている。これは新しい「天皇回想録」の計画ではなかろうか。

そして実際、五月二十一日には「10－11・30　御座所。侍従次長、陪席。永積書記、張作霖事件」とある。永積侍従が書記となり、侍従次長も陪席し、昭和三年の張作霖事件についての聴き取りをおこなったようである。実はこれから後もこの記録作りは断片的に「日記」に出てくるのだが、宮内庁長官の田島、東宮常時参与の小泉、天皇のご学友で侍従の永積と、天皇が最も信頼する側近たちが関与していることからも、この「回想録」の試みが本格的なものであったことがうかがえる。ただしその結果がどうなったのかはわからない。〝未完〟にしろ〝完成〟にせよ、その原稿なりノートは田島家にも遺されていない。昭和天皇の回想録については、『入江相政日記』の中で「拝聴録」と呼ばれるものがあったことが知られている。

昭和五十一年一月二十四日付の『入江日記』には「文春二月号も持つていつていろ〳〵お話する」とあり、『文藝春秋』二月号にのった高松宮の御発言に天皇が不満をお持ちだつたことがきっかけになり、天皇から〝昭和史〟についてお話をうかがうことになったらしい。「さうすれば気も晴れる」と天皇がおっしゃったとある。二月二十三日には、「十一時過に拝謁。拝聴の第二回。この間の分を読んでおきゝいたゞく。大変ご満足だつた。そのあと第二回をうかゞふ」となっている。

この「拝聴録」は宮内庁はこれまで存在しないとしてきたが、卜部亮吾侍従の日記『昭和天皇最後の側近―卜部亮吾　侍従日記』（朝日新聞社　二〇〇七年）でもその存在は確認されている。昭和六十三年五月二十三日、卜部は、「拝聴録」を表御服所に探しに行って、「断念しかけたが最後にキャビネット最下段から発見、内容確認しリストを作り元の場所に収納」と記している。ところが、平成元年八月四日には「宮殿表御服所へ『拝聴録』の所在確認すれどなし」と、いつのまにか消えてしまっていた。現在も宮内庁は「そういうものはない」という立場をとっている。

今上陛下が七十四歳をむかえられた平成十九年十二月二十三日の記者会見の席で、この「拝聴録」について質問が及んだが、陛下は「見たことがありません」と述べられた。「拝聴録」とはべつに、田島たちによる「回想録」聴き取りが昭和二十八年に行われていたことは、本書で初めて明らかになる事実である。

皇太子帰国「全部よし」

六月二日には、エリザベス女王の戴冠式を祝うレセプションが、四時三十分から六時三十分まで英国大使館で行われた。千人以上の出席者があった。田島は夜の八時から戴冠式の中継を秩父宮妃と共にラジオで聞く。翌三日は、カナダの新聞を読んでいる。

八月十日には「参拝。三谷へ手紙」と、皇太子随行中の三谷へ手紙を出している。同月十四日には、次長が「東宮様歓迎式」について相談にくる。

九月一日には、「三谷侍従長ニ手紙書ク。(米英日程過多ニ付健康第一)」と、また三谷へ手紙を出している。四日には、皇太子帰朝後の、新聞記者との会見についての記述がある。

「次長、東宮様帰朝後、新聞 interview off record でなくとのこと。不得已《やむをえず》と思ふ」

皇太子の記者会見は、あらかじめ答えを書く形式にするのはやむを得ないと言っているのではないだろうか。

しかし実際の皇太子帰国後の記者会見は、あらかじめ書かれたものを読み上げる形式ではなかったことが、当時の新聞記事からわかる。

「皇太子さまは十六日午後三時から千代田区三番町の宮内庁分室二階応接間で約五十分にわたり宮内記者団とお会いになった。いままでも一、二度お目にかかったことがあったが、〝ナマ〟の言葉をそのままお伝えできるのは、こんどが初めてである。かっきり三時、私たちは殿下がお待ちの二階応接間にはいった。殿下は中央のイスに、私たちは殿下を中心にU字型に席をとった。白カラーにグレーのネクタイ、白のハンカチが黒セビロにマッチして、とてもスマートだ。一同自己紹介ののち、殿下に『お帰りなさい』と申上げると『有難う』とおっしゃってニッコリされた。気楽な質問からホコ先を向けたが、どうしてどうして殿下の答えは堂に入ったもので、時々使われる英語に記者団がまごつく程だった。ここにも私たちは六ヵ月の御旅行における殿下の御成長をハッキリこの目で見たのである。」（『毎日新聞』十月十七日付）

ご旅行中の話へ戻ると、九月八日には、「十一時過、東宮殿下御着米。Radio キク」と、皇太子がアメリカにお着きになったことをラジオで知っている。

十月八日、「午後、東宮英国の映画ヲ見ル」とあるので、英国での皇太子をとった「映画」がとどいたのだろう。九日には、「ハワイ御安着、ラジオ」とあるので、ラジオでハワイに皇太子が到着されたことを知る。

十二日の「日記」は、「東宮還啓」として、皇太子御帰国の様子を次のように記している。

「10・10発。途中宮様連車に合流ス。11・27分頃、御着《おつき》。予定通リ。此度ハ色々有難う、との仰せ。お先ニ帰リ正面玄関ニテ御迎へ。三階ニて皇族、部局長、旧奉仕者乾杯《かんぱい》後××××、宮様ハ両陛下と始めて御会食。拝謁同奥三ノ間。随員と長官、次長、侍従長、大夫〔中略〕。2・30 東京知事、議長、賀表受取り御挨拶。首相、犬養稍《やや》ユツタリ拝謁。4・30帰宅。雨の外、全部よし」

「雨の外、全部よし」に田島の気持ちがすべてこめられている。

辞職の決意

皇太子の無事の御帰朝に、田島はどれほどほっとしたことか。御出発のあと、田島の一日は、毎朝賢所《かしこどころ》へ参拝することから始まった。「日記」も、「参拝」が冒頭にくる日が多い。皇太子の旅の無事を祈っていたのだろう。この年をもって、田島は辞職を決意していた。皇太子の訪欧を一つのけじめとする気持ちが強くあったにちがいない。

十一月七日、両陛下が居住なさる御文庫の食堂の天井が落ちるという事件があった。九日、田島は辞表を吉田首相に提出する。

当時を知る新聞関係者の中には、今にいたっても、田島はこれが原因で辞職したと信じている人々がいるが、天井落ちと辞職とは関係はない。在任中、彼は何度も辞職願を出している。この年の五月一日にも「辞職か二者択一ト思フ旨《むね》、手紙書キ秘書官ニ持参セシム」と、官邸へ辞職についての手紙を送っている。

その前日には、加藤武男三菱銀行元頭取と会い、加藤元頭取から平取締役として三菱銀行にこないかと誘われている。このとき田島は後任や「家計」について加藤に相談する。「家計」とは、敗戦後、皇室はGHQの改革により財産を失い、宮内庁の予算も大幅に削られた。田島は長官としての交際費やさまざまな経費を、名古屋や東京に所有していた土地を売って捻出してきた。だが、それももう限界に達していたのである。

田島が手紙を送った相手は副総理の緒方竹虎だった。翌日（五月二日）には緒方が急遽宮内庁の田島を来訪し、吉田首相の意向を伝える。田島の「日記」には、「次長ト話中、緒方来訪。昨日突然首相東京。一昨日ノ話ト昨朝ノ手紙ヲ話シタ。三菱ヤメノ方ヨシ。但シ大蔵大臣ニイツテ機密費出スヤウニセヨ」とある。「一昨日ノ話」とは四月三十日「緒方訪問。東京通信工業監査役及三菱ノ平取ノコトキク。首相ト相談ノ上トイフ」のこと。田島は長官辞任後の身の振り方として、東京通信工業（後のソニー）の監査役か三菱銀行の取締役につくことを相談している。吉田の考えは、三菱銀行はやめた方がよい。もし手元が乏しいのなら、大蔵大臣にいって機密費を出してもらうからとのことだった。その日のうちに田島は加藤を訪問、三菱銀行入りについてはことわるが、辞任については意見を変えない。また「大蔵大臣から機密費をもらう気は毛頭ない」と田島は緒方に言う。

六月十日に緒方は再び宮内庁来訪、田島と辞職について話し合っている。

十一月九日の辞表提出がもれたのか二十八日には、「毎日記者解任キク」と、田島辞任を聞きつけ「毎日新聞」の記者がやってくる。翌日の「朝日新聞」に、田島辞任、宇佐美（宮内次長）後任という記事が出てしまう。「実ニ不審ナリ」と「日記」にはある。

三十日は「妃殿下、長官ヤメルナラ私ハ色々ナコトヤメルトノ仰セ。登庁。〔中略〕侍従次長、昨日ノ様子ト、朝日ヲ見タカト御不機嫌トノコト」。秩父宮妃は新聞報道で辞任を知り、びっくりなさったのであろう。長官が辞めるなら、自分も公の仕事を辞めるとすねておられる。夫君をなくされたあとの頼りだった田島の辞任はショックだった。天皇も宇佐美次長に「朝日を読んだか」と不機嫌なご様子。

十二月五日。「小泉氏来室。拝謁ノ前後　未練云々ノ御言葉感激ノ外ナシ」と、天皇の田島を惜しむお言葉に感激している。

なぜ田島はこの時期に辞任を申し出たのであろうか。一つには、当面の課題が一応解決したからに違いない。課題とは、極東国際軍事裁判であり、退位問題であり、講和条約調印、孝宮と順宮の結婚問題、皇太子の立太子礼、英国女王戴冠式への出席などであった。皇室の存続さえ危ぶまれる危機の時代に、宮内庁長官として田島は必死の思いで諸問題に取り組んだ。一つ一つの課題に全力を尽くしてなんとか乗り切った。日本全体を見ると、日米安保条約をめぐる対立など不安定な要素は多かったものの、独立もなり戦後復興への道を歩き始めたと彼の眼には映ったのだろう。

また彼自身、六十八歳になっていた。七十歳は目の前だ。もうそろそろ人生の最終章をと考えたのではないか

何を一番したいかというと、『論語』の勉強を心ゆくまでしたい。だが、そのためには住む家がなくてはならない。長官の職を遂行するために、田島は学寮などの土地や持ち家、株を売り、私財をほとんど使い果たしてしまった。終《つい》のすみかを手に入れるためには、退職後も仕事をしなければならない。民間で仕事をし、住居を手に入れ、そこで勉強して生涯を閉じるという計画を描いていたのではないだろうか。丈夫だった田島も、このころになると風邪をひきやすくなったり、腹具合の悪い日もあったりで、健康についても考えたのかもしれない。

小泉や安倍、その他の多くの人々の反対を押し切って、田島は辞任運動を続け、十二月

十一日には「此日　長官更迭閣議決定ノ由。引退ニ付書状返事書ク」と正式なものとなった。

翌十二日、「10時、吉田茂、本庁挨拶ニ来ル。〔中略〕安倍能成モ挨拶ニ登庁。万代及井深モ挨拶ニ来ル。〔中略〕ソレヨリ葉山御用邸拝謁。7・45－8・05　御機嫌ワルシ」。

首相の吉田は田島をねぎらいにわざわざ宮内庁までやってきた。安倍能成もくる。田島は葉山の天皇に退任の御挨拶に行くが、御機嫌はわるい。

新長官、宇佐美毅の認証式は十六日と決まった。その日の「日記」。

「九時出勤。机等片付ケル。長官新任認証式。11・30　緒方氏ヨリ免官辞令受ク。両陛下別々ニ拝謁。御慰労ノ御言葉頂ク。三殿ニ拝礼。後、両陛下ヨリノ賜《たまわりひん》品伝達ヲ受ク。長官伝達目録アリ。（銀花瓶一対　金紋付）。新旧長官挨拶。義宮、清宮、東宮（拝謁）。小泉氏ニアフ。三笠宮（妃殿下ニ御目《おめ》ニ懸《かか》リ殿下ノコトイフ）、首相公邸、新宮相邸、高松宮ニ挨拶。四時過帰宅。留守中来客」

免官の辞令を受け退任。後任は宇佐美毅次長が就任した。挨拶回りや慰労会その他で忙しい田島は、二十三日から官舎の片付けを始める。その三日前には、「美志、家なきコト苦痛らし。気の毒なり」という記述がある。家を失っていた田島は、官舎を出たあとは、再び目白の徳川家に間借りすることになっていた。二十七日と二十八日は、終日書斎の片付け。秩父宮両殿下と度々語り合った思い出の書斎であった。

三十日も大晦日も終日片付け。「入浴。比較的早ク就床」。田島の足かけ六年にわたる宮内庁長官職はついに終止符を打った。まさに激動の日々であった。

ワンマン総理と頑固長官

ここで、田島と吉田茂の関係についていま一度検証してみよう。昭和二十三年六月五日、芦田均内閣のもとで宮内府長官に就任した田島だったが、その年の十月十五日からは、吉田茂が内閣総理大臣となった。二人の関係は、上司としての総理大臣と管轄官庁の長ということになる。

二人の関係には、二つの特徴があったようにみえる。

一つは、田島は決して御しやすい部下ではなかったという点。筋が通らないものは受け付けない頑固さと一徹さが田島にはあった。また吉田もワンマンで強引だった。田島が吉田と意見を異にする場面は少なからずあった。

昭和天皇の「独白録」を他の側近と手がけ、通訳も務めた寺崎英成御用掛を免官させよ、という吉田の要求があった。天皇は信頼していた寺崎の罷免には御不満だったろうが、田島はこのときは吉田の要請をいれ、昭和二十四年八月から松井明が天皇の通訳を務める。昭和二十四年十一月二日付の「日記」には「寺崎ノ件感涙《かんるい》ス」と急に出てくる。寺崎を惜しむことを、天皇が何かおっしゃり田島が涙したのではないだろうか。

昭和二十三年以来、次長として田島を支えてきた内務省出身の林敬三の引き抜きは紛糾した。昭和二十四年九月五日、吉田は増田甲子七《かねしち》官房長官にいって、林敬三に官房次長に就任するよう直接交渉させた。これに腹を立てた田島は、「辞表を出す」とまで言って、いったんは吉田をあきらめさせた。だが、朝鮮戦争勃発後の警察予備隊の創設に際し、吉田は再び林を要求した。林自身も乗り気と知り、田島はしぶしぶ引き抜きを認め、後任には東京都教育長の宇佐美毅が就任した。

天皇の「おことば」をめぐる田島と吉田の考え方の違いについては縷々《るる》述べたとおりだ。二つめは、両者の間には多くの対立点やぶつかり合いがあったものの、実に緊密に連絡を取り合っていたことだ。田島が吉田を訪ねたのはもちろんだが、吉田もまた度々、皇居にやってきた。これほど頻繁に参内・拝謁した首相はいなかったろう。手紙や電話でも田島と吉田はしょっちゅう連絡をとりあっている。

二人の接触の回数を、大まかな分類で追ってみたい。関係が二ヶ月しかなかった昭和二十三年は除く。また、外国要人たちの陪食に吉田が同席したのかどうか分からない場合なども省く。

昭和二十四年

①吉田の参内・拝謁（拝謁の前か後、または前後とも吉田は田島と話している）――九回

②吉田からの来訪（官房長官などの代理も含む）――四回

③田島からの訪問（外相官邸、議会など、直接吉田にではなく、官房長官などに会う場合も含む）――十二回

④来訪とも訪問とも、場所もわからないが、二人の会談――四回

⑤他の方法（手紙、電話、夜宴招待など）――十四回

昭和二十五年――①八回、②三回、③九回、④三回、⑤二十八回

昭和二十六年――①十四回、②十一回、③十回、④五回、⑤四十回

昭和二十七年――①八回、②十一回、③六回、④六回、⑤二十七回

昭和二十八年――①十四回、②二回、③七回、④一回、⑤二十七回

二人の連絡がいかに緊密であったか、吉田がいかに皇室の諸事万端に気を配っていたかに驚かされる。まさに「臣・茂」の面目躍如であろう。

占領下の皇室、その危機の時代に吉田茂と田島道治は、片や総理大臣、片や宮内庁長官として強い絆で結ばれていた。時には衝突することがあったとしても、皇室を守るという一点においては常に同志であった。敗戦にうちひしがれた祖国再建、皇室への忠誠の念は両者とも誰にも負けなかった。小泉信三もふくめ、この時期の皇室は困難な状況に置かれてはいたが、周囲の人材には恵まれていたといってよいのではないか。吉田も田島も小泉も文字通り身命を賭して敗戦後の皇室を守ったのである。

長官官舎を出た田島夫妻は、目白の徳川義親邸に戻った。田島は『心』(一九五七年七月号)の中で駕籠町明協學寮について次のように語っている。

「結局十年間余り、隣家の寮生諸君と間接ながら共同生活をし得たことは、生涯中で一番快心なことでありますので、お尋ねないことまで進んでお話すれば一寸切りがないことですが、兎に角昭和二十年四月十三日に住まいも寮も一所にやられてしまい、御覧の通りの借家か間借りかわからぬ侘住居のていたらくである上に、古希をこえた老爺では、明協學寮の再建などは思いもよらず、夢の夢ということになりました。この点戦争はうらめしうございます」

宮内庁長官辞任後、田島は東通工の監査役に就任。昭和三十四年からは会長に、次いで相談役と、晩年はソニーと共に過ごすことになる。

そして、「夢の夢」と自分に言い聞かせながらも、田島は「生涯中で一番快心なこと」を諦め切れなかったのだろう。この記事のたった二ヶ月後には自分は間借りのままで麻布笄《こうがい》町に家を買い、「麻布明協學寮」を開いた。退任後、田島は再び〝夢〟を見始めたのである。

だが皇室へのご奉公はまだ終わりではなかった。

第六章

皇太子妃誕生の秘話〈昭和三十年前後の日記〉

妃選びのスタート

皇太子妃選びは田島や東宮常時参与の小泉信三に課せられた大きな課題だったが、一体いつ頃から始まっていたのだろう。

「日記」に〝正田〟という名前が初めて登場するのは、昭和二十四年十二月二十二日付のこと。「11－11・30　正田貞一郎氏訪問（粟田××氏の件）」が最初である。翌年一月六日にも「食後、日清製粉正田貞一郎来訪」とある。貞一郎は日清製粉の創業者で後に皇太子妃となられる女性の祖父であるが、皇太子に関した話ではない。何か仕事上の用件であろう。だが田島と正田が面識があったことだけはわかる。

「日記」の中で最初に皇太子妃に言及するのは高松宮で、昭和二十四年十一月十二日のことであった。

「10・30　高松様へ向フ。－11・30　イロイロ御話承ル。東宮様御洋行、御譲位ノコト、立妃ノコト、皇后様ノコト、東宮寮生活ノコト」と、高松宮は皇太子妃探しを提案しておられる。皇太子の御洋行後に天皇は譲位なさってはと、天皇の退位問題がらみで出てきた話のようである。

その年の三月二十六日、「学習院卒業式　9・20－11・30　無事スミ」と、皇太子はまだ中等科を卒業したばかりであった。

昭和二十五年に入ると、五月六日の「日記」で「Mrs. Vining ノ話。義宮同居問題方針ト時期。両陛下拝謁。frankly、欠点モイフコト（warm 足リヌ）。鷹司結婚、成功。東宮妃ノコト、character noble friendly」と、皇太子と弟の義宮が一緒に住むというヴァイニングの提案を話題にしている。孝宮結婚問題も片付いたので、いよいよ東宮妃について考える時期がきたと判断したらしい。皇太子の欠点と思われるあたたか味が足りないという点も、田島は率直に奏上している。東宮妃の望ましい資質が、「高貴で親しみやすい」と英語で書かれているのは、これもヴァイニングの考えを伝えたのであろう。

この年には、立太子礼についての言及が三ヶ所にある。六月十五日、八月十一日、九月二十九日であるが、実際にはもっと度々話題に上ったのであろう。田島と小泉は、内容はわからないが頻繁に会っている。また、「東宮参与会」が開かれている。例えば六月十四日の「日記」には、「5・30　東宮参与等晩餐会－9・30。小泉信三、安倍能成、坪井忠二、松平康昌、山梨勝之進、長官、侍従長、黒木」とあり、参与たちと長官たちが夕食を共にしている。話題は皇太子中心であろうから、立太子礼もお妃探しも話し合われたに違いない。

そして、九月に入り、「二日（土）小泉氏ニVining後任ノコト、東宮妃サガスコト〔後略〕」と、突然出てくる。〝東宮妃〟という表現、しかも「サガスコト」と出てきたのは、これが初めてである。この記述により、皇太子のお妃探しは昭和二十五年から始まったと考えられる。

「探すこと」と決まっても、旧皇族や旧華族、それも五摂家や徳川家などの大大名の中から従来通り選ぶのか、それとも範囲を広げるべきなのか、田島や小泉たちの前には、難問が立ちはだかっていた。

昭和二十六年の元旦、「読売新聞」は皇太子のインタビューを大きく取り上げたが、「日記」には言及がない。

この記事のため、前年末に読売の小野昇記者は黒木侍従と打ち合せしたが、そのときの模様を、塩田潮『昭和をつくった明治人』（上　文藝春秋　一九九五年）から引用する。

「『皇太子様のお妃選びもそろそろ始まっているのでしょうか』

小野が何気なく黒木に尋ねた。それまで上機嫌だった黒木は、急に険しい顔色に変わった。

『そんなことは考えていない』

それだけ言うと、口を噤《つぐ》んでしまった。

小野は、黒木の異常とも思える慌てぶりを見て、逆に確信を抱く。すでにお妃選びが始まっているんだなという感触を得た。読売はすぐに内偵を開始した。

これが新聞や雑誌のお妃選びの取材合戦の火付け役となった。朝日、毎日など、全国紙各紙も、まもなくお妃選びの取材をスタートさせた。

昭和二十六年二月十九日の「日記」には、「皇太子妃候補名簿ノ件」という一行が突然に出てくる。候補名簿を作ろうというのか、作りつつあるのかはわからない。

同年七月二十九日の「日記」には、「午後、朝刊、朝日、読売ニ皇太子妃記事アルニ付、毎日記者電話アリ」とある。

八月二十一日、「九時前登庁。読売記者既《すで》ニアリ。東宮妃ノコト、先達《せんだつ》テノ経緯訂正申込ノコトナド話ス」。また、九月二十日、「『女性改造』ニ皇太子妃ノコト」と、田島は女性誌などマスコミ対策にも気を配っている。東宮妃選びについての活動がある程度動き出したとみて間違いない。

昭和二十八年になって一月二十九日にも、「産経、読売記者、皇太子妃マダ何モナシ」

とある。三月十四日に、田島は高松宮に拝謁し、義宮や秩父宮邸をどうするかなどを話し合っているが、「皇太子妃ノコト」という一節がある。四月二日の「日記」にも、田島と小泉の話し合いのなかに「東宮妃問題」が出てくる。

そして六月十五日には、「7－10・20　東宮妃第一回」という記述が出てくる。お妃選びの第一回会議であろうか。七月二十五日、田島は吉田首相と長官室で雑談をする。日記には「東宮妃のこと、秩父宮妃のやうな方といひし処あんな人ハ例外的存在で中々ないしとのコト」とある。

八月七日には「サンデー毎日記者ニアウ。東宮妃ノ従来ノ記事想像トノコト、書クトノコト」。東宮妃のことが新聞や週刊誌にも書かれ、人々の関心の的になっていることがわかる。

八月二十四日、田島は秩父宮妃の母で東宮参与の松平信子に会いに行く。

「9－11・30　松平信子訪問。〔中略〕吉田書簡（小泉手紙ニヨル）ニヨリ東宮妃ノコトイロイロ。北白川、徳川義寛、島津忠承、島津久大 etc.」

小泉の手紙を受けて、吉田首相も書簡を通じて東宮妃選びに意見を述べていることがわかる。信子は女子学習院の同窓会「常磐会」会長をつとめお妃選びに大きな影響を持つと見られていた。田島は東宮妃選びの相談に行ったのであろう。具体的に家の名をあげて話し合っている。この時点ではお妃候補は旧皇族、旧華族からと考えていたと思われる。

初めて徳川令嬢の名が

田島は昭和二十八年に退官するが、「日記」を追っていく限り、その後も皇太子妃選びにかかわっている。宇佐美毅新長官、東宮常時参与の小泉との連携はとくに密である。

昭和三十年三月二十五日の「日記」には、「宮内庁ニ長官訪問。東宮様御婚儀ニツキ両陛下ノ御許シヲ受ケシニ付お墨付ナク長官ノ相談相手トノコト」という記述がある。東宮妃探しについての協力を長官から頼まれたのである。両陛下もその御意向とのこと。田島は東宮妃の選考に相談役として加わることとなった。消極的、部分的にはお手伝いする、と書いた後、「在民ノ方ヨキコトニハ従フ旨返事」とある。民間妃でもよいという考えはこのころには浮上していた。

四月十五日には小泉に「三月二十五日長官ヨリノ東宮御婚儀ノ話アリシコトイフ」と、御婚儀の相談相手になることを報告。このときも「受動的、部分的承諾セリトイフ」と強調している。

五月十七日、貞明皇后の例祭の際に長官室に寄り、「徳川令嬢の件小泉に話せしと同じことといふ。然るに山梨大将はスムース進行とのことは何れにしても後から割り込みは駄目といふ」。候補者として突然〝徳川令嬢〟があがっている。学習院院長を務めた山梨勝之進元海軍大将の線でも進められているようだが、田島は「後から割り込みは駄目といふ」と書いている。

七月二日に田島は七十歳になった。三日には「小泉信三来訪 5・30－6・30 Mノコト 夢トモ思ハズトノ意。長官トノ話ヲ話ス」とあるが、小泉は妃候補としてMのことは全く考えていなかったらしい。ただ、Mが誰のことかはわからない。

九月十七日の「日記」も興味深い。「東通ニ小泉信三氏来訪。最近東宮様ト雑談中ノ話キク。平民デモヨシ。但シ学習院、聖心ハ固イトカトノコト。長官誤解ナキヤウ行フトノコト。徳川、三田ナラバソノヤウ急グコトモイフ」とある。皇太子の言葉を小泉が田島に伝えている。皇太子は、「平民デモヨシ」とおっしゃったようである。次の「但シ学習院、聖心ハ固イトカトノコト」は、それでも学習院か聖心の出身に限られるということか。つづいて徳川と三田の名があがっている。さきほどのMは三田だったのか。

十月九日にも小泉が来訪。小泉は一日に皇太子に拝謁したときの話を田島にした。皇太子は、「国を思つて貰ふ」と言われた。国のために一番よい人と結婚する、という意味だろうか。つづいて小泉は三日に宇佐美長官に伝えた話を語る。「政党又労組等ニテ政治家、実業家ノ娘ハ矢張《やは》リ駄目トノ御話」。政党や労働組合の関係者たちの反対もあり、政治家、実業家はやはり皇室には無理との見解を示した。つづく「日記」の記述に「Count Tをそれとなく言い出されたとのこと（但シ久邇関係、山梨関係×）最早断ノ時トイフ。Count Tソコマデ来レバ調査ノ上、ヨキ時ニ覚《おぼ》セバ長官ノ責任ト迄イフ」とある。T伯爵の名をそれとなく言及された。これを聞いた田島は、「久邇〈皇后のご実家。旧華族〉、山梨勝之進の関係もあるが、もうここまでくれば、長官の責任において調査の上、決断すべきではないか」と言った。

十月十六日には長官が来訪。「徳川文子調査進メルコトヲ初ム」と田島に報告している。ここで候補者の本名が初めて「日記」に登場した。だがこの女性のことはその後、でてこない。お妃選びは難航しているのか。

名門出身の有力候補者

昭和三十一年八月十九日、田島は一家で軽井沢へ行く。翌二十日には小泉信三と宇佐美長官に誘われプリンスホテルで皇太子と食事をともにしている。二十三日に「目的の人」の視察にテニスコートへ行く。二十三日の「日記」から。

「コノ日沓掛行ハOヲ見ル為メ。〔中略〕小泉ト同車。東宮様テニスヲ見ル、中々スサマジ。目的ノ人現レズ。（帰宅昼食中）小泉氏来リ。テニスコートニテ一時間余目的ノ人視察ス。Gesicht〔容貌〕中、ソノ他モ失望ス」

「目的の人」を見るために小泉とともに沓掛のテニスコートへ行くが、その女性は現れない。仕方ないので別荘に帰り食事をしていると小泉がやってくる。ようやく「目的の人」を一時間余りテニスコートで視察できるが、あまり良い印象をもたなかったようだ。イニシャルはOとしている。そもそもこの沓掛行きはOを見るためだった。

長らく日本テレビで皇室番組を作っていた渡辺みどりの著書『美智子皇后の「いのちの旅」』（文藝春秋　一九九一年）に、このときのことと思われる新聞記者の証言が紹介されている。この記者はこの女性を有力候補とみていた。

「コートの金網の外に小泉さん、宇佐美さん、田島さんの三人が揃って、一人の女性を見てるんです。アレッと思って、調べてみたら、当時学習院高等科の三年生でHさん〔渡辺の著書では実名〕というお嬢さんでした。ゲーム後、皇太子とH夫妻が挨拶を交わされるのも目撃しました」

昭和三十一年夏のことというから、同一人物であろう。渡辺はこの女性は旧伯爵の令嬢で、父親は学習院大学教授。母方の祖父は牧野伸顕と書いている。牧野の父親は大久保利通だから、田島はイニシャルをOにわざわざ変えたのだろうか。

田島はこの女性の初見の印象を「失望ス」と記したが、二日後の二十五日の「日記」でも「小泉氏来訪（Oの印象稍《やや》小生ト違フ。小生ノ方ワルシ）」と書いている。

九月三日、小泉からこの女性の「記録」を受け取り、四日には記録を読んでの意見書を長官に提出し、口頭でも「第一印象」を伝えている。

十六日の「日記」。「黒木東宮侍従来訪。軽井沢及東京ニテ黒木ニ始メテOの話アリシトテ　今日午前小泉氏訪問セリトノコト。思召アレバ小生印象アシキナド問題デナシ。××ソノ他ノコト調査ノ上調査進メル必要アリトイフ」。

Oのことを知らされた黒木侍従から感想を求められ、皇太子ご本人の気が進んでおられるなら、自分の印象が悪かったことなど問題ではない、と田島は答えている。ただし、慎重に調査の上、進めるようにとも言う。どうやら皇太子は積極的であったようだ。

十月十六日には長官官舎で長官と五時半から十時まで話し合い、「東宮ノ意見ハ尊重ナガラ責任ハ当局。従ツテ慎重要ストイフ」という一行がある。

十一月二十五日、皇太子の級友である徳川義宣がやってきて田島にこんな話をする。

「東宮様気力ナク、fight ナク、自信ナシ。謙虚ノ気持カモ知レヌガドウカトイフ。井口、大久保ノ妹ノコトイフ」。徳川は皇太子が気力に乏しいことを心配している。ここで「大久保の妹」という名前があがっている。

昭和三十二年に入ると、二月六日には、「長官、明細ナ系図表作成見セラル。之以上ノ調査無理カトイフ」とあるが、系図が候補者全員のものか、この女性のものかは不明。だが、いよいよこの女性に絞られてきたようだ。

四月四日の「日記」に「長官室ニ行ク。黒木道ツケテクレバO訪問ノコト。陛下モ御了承トノコト。御引受ス」とある。

田島、O家を訪ねる

そして四月八日、田島は代々木西原町のO家を訪問する。その日の記述。

「最初ハ主人、後夫人モ同席。下ヲ向イテ何モイハズ。独リシヤベリ、第一ニ洗礼未済ヲ確メ、四人ダケノ秘密タノム数回。×井、大久保本家アゲテ断ル。内意《ないい》承《うけたまわ》リタシトイフ。

経済上ノ心配無用トイフ。皇室会議手続アル故《ゆえ》可《か》成《なり》早クトイフ。約四十分。本人ヲ見ナイデセウトイフ故見タトイフ。コレトハ別ダガ東宮様ノ生活御淋《おさび》シサウ。電報見ニ三十分トカ夫人イフ。長官、小泉ニ報告」

女性の父と母に会い、まず女性が洗礼を受けていないことを確かめ、この話が絶対に漏れないように頼む。経済上のことは心配無用。大久保本家は断っているが、皇族会議などの手続きがあるのでなるべく早くお返事頂きたい、と伝え、「本人を見ていないでしょう」という問いには、見たと答えている。四十分にわたる会見であった。「コレトハ別ダガ東宮様ノ生活御淋シサウ」という記述に、孤独な皇太子のためになんとか御結婚を成就させたいという田島の必死の想いが伝わってくる。

九日には再度夫人を訪問。帰りがけに「御嬢サンニ門前ニテアフ。言ハズ」とある。

十日の「日記」は「ふみ〔娘の名か〕の為めになぜO家が進まぬ事をやる要あるや。CP〔皇太子〕の意見は分つてるといふ。母の方仲よし。Oの方さうでもなし」。娘のためにO家が気が進まぬことをやるだろうか、と田島は不安を抱いているようである。

案の定、田島の努力は報われない。十七日の「日記」。

「O氏来訪。光栄なれども拝辞。一家スキーにも行く。離れるのはいや。全員反対。長男ハ外ニテ奉公スル。Oの兄の家とは×出した関係あり。只今困る。妹一人面倒見る等在り。余り平民的で駄目、象徴は難しい。本人の意思はどうも分らぬが平民がいいとのことのやう」

O家から「光栄なれども拝辞」と断られた田島は、余りに平民的で象徴にはむかない、といささか八つ当たり気味だが、それだけ残念であったのだろう。二十七日の「日記」にはこんな記述がある。小泉から電話があり、「長官、黒木モ同席、昨日午後四時O夫妻来リ、拝辞の話キク。兄貴ヤヤ動ク以上今一度願ヒタシトイフ……或ハ難シカラン。他ニ選択考ヘルコト必要アリトイフ」。

O夫妻が宮内庁を訪ね正式に辞退を申し入れた。長官等はもう一度考えてほしいと言ったようだが、田島は他の選択肢を考える必要がある、と小泉に伝える。いずれにせよ、お妃選びは暗礁にのりあげた。五月二日には小泉と長官が皇太子と懇談した時の模様を聞いている。「当分息抜くと絶対に放棄でなし」と小泉は語ったようだ。お妃選びは一息つくが絶対諦めたわけではない、ということだろうか。

この年の八月十八日、皇太子は旧軽井沢のテニスコートで、正田美智子に出会ったと多くの皇室本が書いている。いわゆる「テニスコートの恋」である。だが、田島の「日記」

にはその記述どころか気配もない。

十月二十一日の「日記」には、「小泉邸6－10　小泉、黒木ハ東宮ノ御希望ニ副《そ》ハントK即決ノ様子。小生ハ元来Kヨロシト思ヒ、Oナドハ余リ賛成セザリシ故K大ニ賛ス」とある。突然、候補としてKのイニシャルがあがっている。ここでも田島はもともとOには賛成ではなかったことを書いている。前出の渡辺みどりの著書によれば、この女性は結局、財閥本家の御曹司と婚約したようである。

十一月七日も小泉と会い、「×不賛成イフ。皇室はpopular宇佐美大切ノコト。Kの父の絵ヲ××。大賛成イフ」。さらに二十九日にも宇佐美長官とKを話題にする記述があるが、具体的な動きはない。

一方、前出の塩田潮の著書によると、十月二十七日に皇太子と正田美智子は再会している。

「『軽井沢のテニス』から二ヵ月後の十月二十七日、皇太子と美智子は、東京都下の調布市飛田給にある日本郵船のテニスコートで再会した。皇太子は、そこで美智子を被写体にしてカメラのシャッターを切った」

皇太子はそのとき撮った写真を年末に行われる東宮職員の写真展に出品している。

正田美智子の家系を調べよ

昭和三十三年一月十五日の「日記」。「長官、Kノコト一、二マズイコトヲイハレ、color bノコトハヤメダナートイフ。コレハ小泉会見後電話ニテ取リ消ス（土曜）」と、Kが色覚異常との情報が長官からとどき、田島と小泉は十八日（土）改めてこの問題を話し合う。

十八日の「日記」は「朝小泉氏訪問。〔十五日の〕長官トノ問答、色盲駄目、先方辞退ニテ解決ノコトイフ。小泉ハ反対ニテ押切へ意見。僕矢張リ定席北カトイフニ対シ彼ハ絶対×〔判読不明〕。両者一致セズ。互ノ意見了承、再開ヲ約ス。Uの調査不備の責任等、此際絶対不可、意見一致」となっている。田島はKの問題は先方辞退で解決、と伝えるが、小泉は反対。お妃候補をめぐる二人の意見は一致せず、とにかく調査を慎重にということだけは一致する。田島は妃の定席はやはり「北カ」と言っているが、「北」とは何の符号だろう。北白川だろうか。

前述の塩田の著書によると、この年の二月に、皇太子自身が「妃候補の一人として正田美智子さんも加えてほしい」と小泉に頼んだとある。「日記」にはその痕跡はまったくない。

三月一日、宇佐美長官、小泉、田島と三人で「松平夫人ニ候補者ナキヤトキク説必シモ賛成セズ。ＫＨ共に難点アリ」と、松平信子に候補者が他にいないか相談するのは必ずしも賛成ではない、と話し合っている。皇太子自身のお気持ちがどちらに向いているかには、まだ気付かなかったのであろう。

三月三日に広尾の小泉邸で開かれた会議で、正田美智子がお妃候補に入れられたと多くの皇室本が書いている。その日の「田島日記」をみてみると「小泉邸6－11・15　長官、次長、鈴木〔菊男東宮大夫〕、黒木、×木下六人　Ｋ思ヒ切ル　Ｈニ医×方針×ニ確メル」とあり、たしかに小泉、田島、宇佐美長官以下による会合が開かれている。ただし正田美智子の名は書かれていない。四月一日には、長官から「Ｈノコト新規蒔直シノコトキク」と、新しい候補Ｈが不成立に終わっている。

ところが、四月十二日、大磯の池田邸から帰る途中、「小泉車ニ便乗。……血統重ンズベキコト。Shoda、Soyejima 調ベヨクバ賛成イフ」と突然、正田の名前が出てくる。父方の正田家と母方の Soyejima（副島家）の家系を調べ、よければ賛成というのである。「日記」には書かないだけで、水面下で進行していたのであろう。

五月五日に宮内庁で開かれた会議で候補を正田美智子一人に絞ることが決定する。

それを受けてであろうか、二十一日は小泉が田島を訪ねてくる。「明日、正田社長ト会見トノコトニテ、ソノ読ミ如何《いかが》トノコト。後一書補意×ニ認《したた》メ明朝届ケルコトトス」。正田美智子の父親と会見する小泉は、田島にアドヴァイスを求めている。田島は文書にして後で届けることにする。

翌二十二日の「日記」。「小泉電話S会見ノ結果ノタメアヒタシトノコト。3・40－4・20位邪魔ス。新聞社来訪デスグ小泉ハイケト Vainly」。小泉は正田氏との会見の結果をすぐに田島に報告している。

そして六月二十一日には小泉邸に〝例のメンバー〟が集まり、午後六時から十時半まで協議している。その日の「日記」。

「小生、Mutter〔母〕ノコト、イヤナコトイフ。但シ衆議賛成ナラ固執セズトイフ。母方系統、小生、興信所ノミニテ止マルノハ心中ドウカト思フ」

田島はお妃候補の決定に慎重な態度をとり、なにか「イヤナコト」を言った。ただし皆が賛成なら反対はしない、と伝えた。心中では、母方の血統を興信所任せでなくもっと調べるべきだと思った。田島は何を心配していたのだろう。

八月十五日、葉山の御用邸で開かれた会議で、正田美智子を正式にお妃候補とすることが、昭和天皇の裁断によって決定する。翌十六日、小泉は軽井沢の正田家別荘を訪ね、皇室の意向を正式に伝える（『美智子皇后の「いのちの旅」』）。

八月二十二日の「田島日記」。「小泉邸　長官、大夫、侍従長、黒木ト会談。大体決定。問題ハ勝沼〔精蔵〕ノ意見」とある。勝沼医博の意見が問題とのこと。

だが、正田家の家族会議の結果はご辞退だった。正田美智子は皇太子とのテニスの約束を断り軽井沢から急遽帰京する。九月三日には一人でヨーロッパに旅立ち十月二十六日まで日本を留守にする（同前）。

皇后は民間妃に反対

八月二十六日の「田島日記」に興味深い記述がある。「長官訪問。昨日ノ御殿場ノ話イフ。〔中略〕T. Princess C. Princess M. M ノツルシ上ゲノ件、然ルニ昨日ノ小泉ト正田夫妻会見記ニ憤慨休戦イフ。小泉ヨリモ電話アリ」。前日、御殿場の秩父宮家を訪ねた田島は、秩父宮妃（C. Princess）と高松宮妃（T. Princess）、そして松平信子（M. M）が、小泉と正田夫妻の会見の内容を知り憤慨したと聞かされる。そのことを宇佐美長官に伝え、小泉からも電話があった。

八月三十日には皇太子の級友、徳川義宣が田島を訪ねてきて、「東宮様ノコトイロイロイフ。自信アルコトナシ。〔中略〕外遊スルコトヨカラン、結婚後ニテモ。余リニ大人、余リニ失敗セヌヤウ考フ。若サナシ」と述べている。皇太子は正田家の返事に落胆していたのではないだろうか。

十月二日に田島は小泉を訪ねる。「小泉氏訪問。Sノコトキク。東宮職関係者ハ唯一ノ望《のぞみ》故《ゆえ》如何ナルコトヲシテモ成立セシメタキ意見ノヤウ。老生ハ稍々《やや》違フ」という記述がある。

やはり田島は全面的に賛成できないようだ。「老生ハ稍々違フ」。なにか心配の種があるらしい。

つづいて十一月六日の「日記」に、「四時　長官参邸（秩父宮妃）……其間三十分計《ばか》リ伺《うかが》フ。Empress〔皇后〕ト懇談ノ時モPrincess T〔高松宮妃〕話ニヨレバ御不満解《と》ケズトイフコト」とある。四時に長官が秩父宮邸にうかがい、三十分ほど宮妃のお話を伺った。高松宮妃からおききになった話として、皇后がこの縁談にご不満とのこと。先の八月二十六日の記述とあわせると、田島の懸念は、この〝民間出身の妃殿下〟への皇室内の風当たりの強さを感じ取ってのことだったように思える。

『入江相政日記』の同年十月十一日付けに以下のような記述がある。

「東宮様の御縁談について平民からとは怪しからんといふやうなことで皇后さまが勢津君様〔注・秩父宮妃〕と喜久君様〔注・高松宮妃〕を招んでお訴へになつた由。この夏御殿場でも勢津、喜久に松平信子といふ顔ぶれで田島さんに同じ趣旨のことをいはれた由」

この夏の御殿場とは先に紹介した八月二十五日のことであろう。

またご婚約が発表された後の十二月六日の「田島日記」には、松平信子を訪問した時の様子が書いてある。「Mrs. Matsudaira 訪問。正式ニツンボサジキノ話」と。前に述べたように松平夫人は「常磐会」の会長をつとめ、旧華族階級夫人層の中心的人物であった。東宮参与としてお妃選びについていろいろ相談にあずかり、自身も発言してきたのに、最終段階にきて何も正式には聞かせてもらえなかった、と強い不満を洩らしたのであろう。

自身、爵位をもたずに宮中に入った民間人長官の経験をもつだけに、田島は、民間からの皇太子妃が嫁いだ後、宮中でさまざまな軋轢《あつれき》を生むであろうことを直感的に感じ取っていたにちがいない。そして、実際に皇室に嫁がれた美智子妃がその後、多くの苦労をされることは周知のとおりである。その美智子妃の支えになるのも田島であった。

ついにご婚約の決定

正田美智子の帰国後、皇太子による電話攻勢などが実を結び、ともかくもこの縁談はまとまり、婚約発表にこぎつける。

十一月十三日に正田家からの最終的承諾を宮内庁は得る。その二日後の十一月十五日、田島は長官官舎で経過の詳細を聞き、二十七日にご婚約の発表。その日の田島の「日記」から。

「好天……11・30－1・30迄御発表テレビヲ見ル。長官ノ御苦労ニ感謝ノ念」

「好天」の二文字に万感の想いが込められているように思える。

翌二十八日には参内し、さらには東宮御所へ回り、「正田夫妻ニモアフ。美智子サンニモ挨拶」とある。二十九日は小泉邸に「感謝挨拶」に行く。

十二月三日には、舞踊家の武原はんが経営する料亭「六本木はん居」へ入江相政侍従を招いている。慰労のためだけではなく、「美智子様の今後をよろしく」という心配りも込められていたのではないだろうか。

十六日には「御婚儀順序ノコト」を宇佐美長官と話し合い、十七日には大磯へ吉田茂を訪問、「皇太子妃絶賛」とある。このご成婚に吉田茂は反対だったという噂もあるが、少なくとも「日記」でみる限りは「絶賛」である。十八日には皇太子より慰労の夕食に招かれ、二十日に葉山で天皇に拝謁している。

明けて昭和三十四年一月十四日の「日記」。「9・45皇太子結婚式。賢所《かしこどころ》皇霊殿《こうれいでん》神殿ニ成約報告ノ儀賢所参集所－10・30。東宮関係者祭典ニ集合ス」と、賢所に成約報告がなされた。

そしていよいよ四月十日のご成婚当日。「快晴9・10。乾門《いぬい》、結婚式ニ行ク。安倍、小泉、Vining、松平、勝沼等ニアフ……馬車行列モ一人変人ナ奴アリシノミ。〝万歳〟」と、最後の「万歳」は、おめでたいという気持ちがほとばしり、思わず書いてしまったのだろう。皇太子の立太子礼の晴れ姿にもベソをかいた田島だった。宮内庁長官時代から小泉信三と手を携えて、皇太子妃探しにあたってきた田島にとっては、民間妃の未来に一抹の不安は抱えていたものの、満願成就の想いが強かったことであろう。

第七章

苦悩する美智子妃と共に

〈昭和三十四年から死までの日記〉

親友の娘・神谷美恵子

田島の一高以来の友人で一歳年上の前田多門は、生涯を通じての親友であった。実に多くの経験と思い出を、二人は共有している。

新渡戸稲造、後藤新平という〝師〟も共有し影響を受けた二人だった。前田は終戦直後に文部大臣に就任するが、公職追放後、東京通信工業の社長となり、後にここへ田島を迎える。

長男は仏文学者の前田陽一。陽一は東大教養学部の助教授時代から皇太子のフランス語の教師をつとめていた。ご成婚後は美智子妃にもフランス語を御進講している。長女は細胞学者神谷宣郎と結婚した精神科医の神谷美恵子である。次女は井深大の最初の妻となる勢喜子で、他に三女とし子、次男寿雄がいた。

神谷美恵子は津田塾時代からハンセン病患者への献身にめざめ、米国のコロンビア大学に留学した後、東京女子医専を卒業して精神科医になる。長らくハンセン病患者の施設である長島愛生園の精神科医長をつとめ、著書『生きがいについて』はいまだ読みつがれるロングセラーとなっている。美智子妃が皇室内でもっともつらい時期に、相談役をつとめ支えたことでも知られる。

田島は親友の娘である美恵子を幼少の頃から知っていたのだが、「日記」の中で初めて言及されるのは、昭和二十四年五月六日の「美恵子サン（アウレリウス自省録）貰フ」である。ローマ皇帝マルクス・アウレリウスの『自省録』を美恵子は翻訳しているが、その本のことであろう。十二月にも神谷は三谷侍従長に本を渡し、六月二十三日には、「神谷、母君ト来ル」とある。

昭和三十一年五月二十六日には、知人が「ヤヤ精神病ニ近キ様子。神谷美恵子サンソノ為先日上京セシトノコト」と、精神科医としての神谷の行動に初めて言及している。

昭和三十五年九月八日には、東宮両殿下が田島が会長をつとめるソニーを見学にいらした。十一月十九日には、「10　神谷美恵子サン来訪。愛生園ノコト。真《まこと》ニ頭ノヨイ行届《ゆきとど》イタ謙遜《けんきょ》ナ女性」と誉めている。

昭和三十七年六月四日、前田多門が永眠。青山学院大学礼拝堂で葬儀が行われ、葬儀委員長は田島が務めた。挨拶の途中で号泣した。

「ノイローゼ気味」

同年十月三十一日の「日記」。「秩父宮邸ニ参上。昨夜ノコト。1－3。高松妃殿下御召シ光輪閣。Empress ノコト Princess M ノコト」とあるが、皇后と美智子妃について高松宮妃がなにか言われたようである。

十一月七日の「日記」には、「9・30－11　東宮大夫ト話ス。お手料理、席次、ノイローゼ気味」とある。東宮大夫と話しているのだから、皇太子妃についてだろう。料理や席次に戸惑いノイローゼ気味ということだろうか。

十一月十八日「9－10・30　秩父宮妃殿下、週刊新潮ノコト、美智子妃殿下御周旋ノコト……」とある。

十二月一日「小泉氏ニ 'Trouble maker' イヤトイフ」。二日「三笠様、御誕辰10－10・20。秩父宮妃殿下ニ陪乗御願《おねがい》シ、午食頂戴10・30－3・00。'Trouble maker' ダメ」。六日「小泉氏訪問。両妃殿下トノ話話ス。将来宮内庁ノコト、吉田訪問。単独ノ方ヨシトイフ」と立て続けに皇族の話が出てくる。何かトラブルがあるらしく、秩父宮妃と高松宮妃が〝トラブル・メーカー〟はイヤと言っているのだろうか。トラブル・メーカーが誰なのかはわからない。十二月二十三日には「東宮御誕辰」と皇太子の誕生祝いに伺っている。

昭和三十八年に入り、三月二十九日に、「10－11・30　松平信子サン。新×ノ件（東宮妃病状キク）」と、いきなり美智子妃の御病気の話が出てくるが、これは美智子妃の妊娠、流産のことかもしれない。

この時期に美智子妃がどういう困難に堪えておられたかについて、書かれたものは多い。なれない皇室生活にくわえ、初の民間妃ということで、宮中の旧勢力からの中傷やあてこすりなど、いわゆる〝美智子妃いじめ〟があったともいわれる。宮内庁詰めの記者の間では「おやつれぶり」が話題になっていた。ご成婚前の田島の懸念は不幸なことに的中したのである。

昭和三十八年三月四日、美智子妃の「第二子ご懐妊」が発表されるが、その後、胞状奇《ほうじょうき》胎《たい》と診断され流産となった。四月中旬から、一人で葉山の御用邸で静養に入る。この間、お付きの女官とも口をきかず、父の正田英三郎がひとりで葉山に訪ね、一緒に浜辺で油絵を描いたこともあった。皇太子と三歳の浩宮《ひろのみや》は週末を中心に葉山へ通った。流産のショックだけでなく、美智子妃が心身ともに深く傷ついておられたことは確かだろう。葉山での療養は当初一ヶ月くらいと言われていたが、二ヶ月半におよび夏には軽井沢へ移られた。

六月二十一日に田島は神谷に会っているが、「日記」には個人的なことしか出てこない。

皇太子妃の御病状をどうにかしなくては、と田島は心配していたことだろう。結局この年の八月四日、美智子妃は四ヶ月ぶりに公務に復帰なさる。

『女性自身』の皇太子インタビュー

昭和三十九年一月三十日の「日記」。「宇佐美長官来社。3・30－5。Prince marriage council 問題」とある。二月二十日に行なわれる義宮の結婚についての会議であろう。

昭和四十年二月十二日の十二時から三時は、葉山で参与四人が御陪食。二十日には虎の門病院に沖中博士を訪問。「皇太子妃ノコトキク」ためであった。

五月二十四日は大磯へ吉田茂を訪問。吉田は東宮御所の話に触れ、東宮妃は百二十点と言う。御成婚以来、美智子妃に対する吉田の評価は高い。田島は、「拝命ノ時以来ノ心境、〔中略〕国家皇室ノ前途ノコト。教育ノコト」などについて語っている。

八月十四日には、「9・30－10・30高輪閣。Her H.〔皇后〕女性自身ノ記事ノ出所。東宮職数人ニ存シトノコト」とある。皇后が『女性自身』の記事について言及し、犯人捜しをなさったようだ。十日後の二十四日も「女性自身一寸驚ク……長官訪問　女性自身ノ問題」とその記事を実際に読み、驚いている。その日のうちに長官を訪問、「女性自身ノ問題」について話し合っている。『女性自身』にいかなる記事が掲載されたのだろう。

『女性自身』の昭和四十年八月九日号には「兄弟《あにおとうと》／両殿下への提言」と題した記事が載っている。筆者は共同通信の記者で皇太子の御学友でもある橋本明。主旨を以下に紹介する。

〈旧華族たちのあまりにひどい腐敗ぶりを知った皇太子は、みずからの信念で「旧華族からは妃を迎えない」と決めた。それなのに皇室の民主化の象徴である美智子妃がやせ細り、病気がちになられた事実は何を物語るのか。美智子妃が入られた皇室はイバラの世界であった。しかも、弟宮、義宮の結婚について皇太子は相談は受けず、義宮妃は旧華族出身になってしまった。皇太子のご結婚には両性の合意があったが、義宮と華子さんとの間に本当に合意があったのか〉

皇后が話題にしたのはこの記事のことだろう。橋本に情報を提供したのは東宮職でないかと皇后はお疑いになられたようだ。

この橋本の記事に対して次号で、前田侯爵家出身で、酒井忠元旧侯爵に嫁いだ酒井美意子（学習院常磐会前理事）が反論。さらに八月三十日号で、橋本は軽井沢のプリンスホテルに滞在する皇太子にインタビューを試みている。「日記」で「女性自身一寸驚ク……長官訪問」といっているのはこのインタビューのことだろう。「皇室への二つの意見に私から答える　談・皇太子明仁親王殿下」の見出しがついているのだから、確かに驚きである。田島が長官に会いに行くのも無理はない。その記事の中で皇太子は以下のように言っておられる。

「欧米から帰って（注・一九五三年　英国女王戴冠式に陛下のご名代として出席されたときのこと。ご成婚の6年前にあたる）それは、非常に早い時期だったと思うが、私は上流旧華族の本家からは、妃をとらないということを小泉さん（注・小泉信三博士・東宮参与）に話している。これは私の将来の皇太子妃選考の一条件として、具体的にどういう人がいいかという問題をぬきにして、一般的な理想の線として考えたことだった。〔中略〕国民と共に考え、共に生きる伴侶としての人を求めていた。これは旧華族上流以上の人には、求められない姿であった。現在、美智子の、常に日本国民のことを考え、自分のつとめに忠実たらんとしている姿をみて、この自分の考えが間違っていなかったと感じている」

皇太子が実際にこのとおりの言葉を述べられたのかはわからない。しかし前章で紹介した、「日記」にある「平民デモヨシ」「国を思つて貰ふ」という言葉と対応しているようにも思える。皇太子の〝インタビュー〟が女性週刊誌に載るのだから、民間妃を迎えた皇室内に不協和音が広がっていたことは確かだろう。

田島が送り込んだ「相談相手」

この年の十月七日、田島は自宅で夕食を神谷美恵子とともにしている。「6−10・30 神谷美恵子　田辺氏ト晩食　昨日ノ青山御所ノ話　女性自身誌読ミ居ルニ付適当ニ心得迄話ス」。神谷美恵子と美智子妃の交流を描く、宮原安春の『祈り　美智子皇后』（文藝春秋一九九九年）によると、前日の十月六日の午後、神谷美恵子は東宮御所ではじめて美智子妃と会ったとある。「昨日ノ青山御所」のこととは、その報告であろう。田島は、『女性自身』の記事について心得ておくように神谷にアドヴァイスを送っている。

それから一ヶ月少々して、美智子妃は第二子を出産なさる。三十日の「日記」では「皇《こう》孫《そん》殿下御誕生。御祝詞言上《ごんじよう》」と田島も礼宮《あやのみや》（秋篠宮）誕生を喜んでいる。

その翌日の十二月一日、田島は東京駅まで上京する神谷を迎えに行き、宮内庁病院へ案内する。神谷は侍従と侍医にお祝いを渡したが、拝謁は願い出なかった。ただもし電話をおかけになりたい場合にはと、宿舎の電話番号は侍従に渡した。

この気配りをみると、宮原も指摘するように、神谷美恵子を皇太子妃のご相談相手として推挙し、会えるように手配したのが田島であることは間違いない。

昭和四十一年に入ると、天皇の第三皇女、孝宮の夫である鷹司平通の事故死が一月二十九日に報じられる。驚くと同時に、その結婚を決めた者としての田島は責任を感じている。二月十日には、葉山御用邸にお詫びに参上する。

二月二十二日には、田島は松谷誠という元軍人を訪問し、話をしている。「神谷博士ノ話ヲシテソノ方向ノ必要ハ私モ同感。但シ方法及具体人物アリヤ。一人アリ。老人ナルモ小泉カ、云々。何《いず》レ更《あらた》メテ」

〝その方向〟というのは、美智子妃のご相談相手にどなたかをという話ではないだろうか。田島は神谷美恵子の話をしたのだろう。松谷がさらに方法と具体的人物があるかと問うたのに対し、田島は小泉の名もあげたのだろうか。

三月四日「神谷博士、此日午後東宮御所へ参上ノ話電話アリ」。

三月五日「3・30　神谷博士ヲ誘ヒ秩父宮訪問。私学会館ニ送リ帰宅」。

と、このあたりの記述は、〝美恵子サン〟が、〝神谷博士〟になっている。

三月二十五日には、「宮内庁音楽会。東宮妃殿下ニ神谷博士ノコト」とある。音楽会に田島自身が行き、自分で神谷美恵子の話を美智子妃に伝えたのか、または誰かを通して伝えた可能性もある。

四月十五日、田島は虎の門病院の沖中博士を訪問する。

「虎ノ門病院沖中博士訪問。美恵子サンノ問題。思想人生感×ノ方希望ラシ。薬品ナドハ侍医モ皆承知。今後医薬ニ関シテハ若《も》シ何カ妃殿下希望サレシトキハ沖中氏連絡トノコト」

神谷美恵子は美智子妃の思想や人生観などの心の問題に専念したい由、薬などの医学的な面は沖中の協力を田島は要請している。初めての民間出身の皇太子妃に田島は心を配り案じている。

同志、小泉信三の死

五月十一日、「宮内庁ヨリ電話。七時小泉死去」と、戦後皇室を支えるため力を合わせてきた同志、小泉信三を田島は失った。

小泉信三の死のあとには、長年の友人、安倍能成のそれが続いた。六月七日、ソニーの仙台工場視察中、会社の秘書から電話で安倍の死を知らされた田島は、八日帰京。駅に原秘書が香典の用意をして出迎えた。「安倍新邸弔問（万感多ナリ）シテ帰宅ス」とある。

十日には、安倍の学習院葬が行われた。

六月十三日には、大磯の吉田邸に皇太子と皇太子妃と共に招かれている。食卓での田島の席は美智子妃の隣だったので、「神谷夫人ノ本ノ話。絶対相対論等相当オ話ス」とある。

七月八日、岩本ビル四十七号室に宮沢喜一代議士（のち首相）を訪問している。長官就任の経緯、長官としての仕事、皇太子妃決定までの経路などについて田島は語っている。

次に、「国民ノ税デ皇室ハ食ツテヰルコト。音楽会ナド遊ンデル印象——何カ演出必要トノコト」と続くが、これは宮沢の言ったことであろう。そしてこの宮沢の言葉を、田島は最後まで気にかけていた。不調のため七月十九日には、虎の門病院の沖中博士の診察を受け、八月四日に宮内庁病院に入院。八月二十一日、「又発作。発作後元気トナリ、タベル。但シ安倍、小泉ノ死ノ時ヲ思ヒ、イツ発作デ死ヌカト思フ」とある。同志たちに先立たれた田島は自身の死についても考え始めている。

二十三日は「昨夜来、秩父宮妃ノコトキニナル。先日ノ宮沢喜一ノ話等ニヨリ」とあり、先日の宮沢の言葉を考え続けていたのだろう。九月七日には退院。だが、十月二十四日に再入院。十一月十二日には、鈴木東宮大夫が病室をたずねてきた。「鈴木大夫来室　両陛下最近の動静話サル……宮沢ノ話……妃殿下、人ノコトヲ永ク考ヘラレルコトキク。神谷博士ノコトモ」。

十四日は宇佐美長官が見舞いに来て、山梨元大将や文相のことなどを話している。十五日は、「美恵子サン来室。美恵子サントハ美智子妃殿下ノコトイロイロ話ス」と、神谷と、美智子妃のご様子について話し込んでいる。十七日に退院する。

昭和四十二年一月十三日、神谷美恵子から電話があり、来月上京の予定だったが、ちょっと用事ができたので出てきたとのこと。前日の歌会始に皇太子妃が欠席なさったことを田島は神谷に伝え、女官に「御機嫌御伺《ごきげんおうかがい》」の電話をしてはどうだろうと進言している。

六月七日には、安倍能成の一周忌が山水楼で行われた。この席で田島は作家の野上弥生子に、マッカーサー帰国時に天皇訪問を実現させたかったのだができなかった話をしている。あの時の口惜しい思いはずっと尾を引いているのだ。

小泉が死去し、吉田茂も病床にある。この頃の田島には皇室への「最後のご奉公」という気持ちが強かったと思う。七月五日十二時半から、両殿下に拝謁し二時間お話ししている。鈴木東宮大夫も同席した。その日の「日記」に両殿下へ言上した内容が書いてある。

「小泉、安倍、死に、吉田、山梨、健康衰へ、田島モ八十二、イツ死ヌカ知レズ。皇孫殿《こうそん》下御教育ノ時ノ御参考カト考ヘル旨《むね》ニテ穂積大夫交代ノ経緯詳細言上《ごんじょう》ス。小泉評（池田成彬）及池田成彬勧説受ケシ話。又ソノタメ何カニツケテイハバ、purge〔公職追放〕多キトキノ代用物的長官ヲ助ケクレシ話。拝命ノ時ノ覚悟。思召ノコト。在職御信任ノコト〔中略〕政府人デナク民間人広ク御接触希望スル旨。（神谷博士モ一見本）殿下ト同年輩ノ人ト思ヘド人無ク、捜《さが》ス心算ノコト等々申上グ」

これは両殿下への「遺言」と言えよう。八十二歳となった自分はいつ死ぬかもしれない。浩宮《ひろのみや》の御教育の参考にと、穂積東宮大夫の交代のいきさつ、小泉信三の人格と識見がいかに大切だったたか、小泉招聘への池田成彬の協力などについて語っている。皇孫の教育係に人を得て、よい教育をすることがいかに大切かを力説したのである。当時はパージのために人材が払底し、代用物的長官にすぎなかった自分をこれらの人々は助けてくれた。長官就任についての覚悟、また民間出の自分を陛下がご信任下さったこと、またこれからは神谷美恵子が一つの例だが、政府の人ばかりでなく民間人と直接に接触なさること、殿下と同じ年輩くらいの人はなかなか見つからないが探すように努めますと、誠意をこめて申し上げた。

九月二十二日、「例ニナク、安眠出来ズ。皇室殊《こと》ニ東宮ノコト、勢喜子サンノコト、Sony慢心ノコト。日本国ノダレ気味ノコトデ眠レズ」という記述がある。皇室、とくに皇太子のことを思い夜中も目をさます田島。勢喜子は神谷美恵子の妹でソニー井深大の前の妻のことである。

十月二十日、「吉田元首相、正午前、急逝。長官ト電話ニテ国葬ノコト、打合ス」と、田島は、もう一人の重要な同志をも失ってしまった。

神谷美恵子との最後の会話

昭和四十三年は、田島にとって最後の年となるのだが、当然誰もがそんな予感はなしに新しい年を出発させる。ただ、一月一日の「日記」の冒頭に「好晴、読経」とあるのが、この年がどう終わるかを知っているものをハッとさせる。時間さえあれば『論語』をひもとく田島だが、毎日の読経は妻の美志がしていた。妻が留守のときだけ田島がしたという。元日に「読経」の記述があるのは初めてのことである。

その年の七月一日、神谷美恵子が田島を訪問し話し合っている。「5－9・30　神谷氏来訪。冲中ト精神科京大教授ト相談。大夫ハ妃殿下ファン。他ハ女官長、女官、侍医長等駄目。グラフニ出ルモノ研究」。東宮大夫は美智子妃のファンだが、他の女官長、女官、侍医長は駄目という。美智子妃の置かれた立場はいまだ難しかった。

七月三日に「1―3　秩父宮邸。一昨夜キキシコト極秘。高松宮妃直言ノコトハ中々大シタコトトノオ話。然シアノ方ナラネバ出来ヌコト」という記述が出てくる。高松宮妃が何か直言なさったらしいが、高松宮妃でなければできないことと感じ入っている。

七月二十五日には「朝三時　社会革命ノ夢ニ目サム」とある。無意識のうちに、宮沢代議士の言ったことや、革命の不安が潜んでいたのだろうか。

『論語』を相変わらず勉強し、原稿も書いているのだが、十月七日には「夕食後も無為。ねる。身体衰弱ト頭脳おとろへ、誤字やや多し」とあり、十月二十四日には宮内庁病院に入院する。

十一月に入ってからの「日記」は、白紙か、あるいは記述があってもエンピツで二、三行のことが多い。二十三日には神谷美恵子が東宮御所訪問からの帰りに寄ったとある。神谷はその頃の田島の姿を次のように記している（『神谷美恵子著作集6』〈みすず書房　一九八一年〉）。

「きびしく自己節制をしておられた先生も、八十代の前半にとうとう病む日々を迎えられた。最後に病院にうかがったとき、先生は酸素テントに入っておられたが、おそばに立つと自らの手でテントを押しあげ、お顔を近づけて真剣な表情で言われた。

『私のことはね、心配しないでいいから、あのことだけは頼みますよ、いいですか』『あのこと』とは全く公のことであった。みごとな老人というものは、死にさいしてもなお公のこと、他人のことを心にかけているものだ。苦しい呼吸の中での、あのことばの迫力に私は今なおたじたじとしている。」

〝あのこと〟とは、いうまでもなく美智子妃のことだろう。田島の最晩年で最も気がかりだったのは、東宮一家のことであるのは、これまで紹介した「日記」からわかる。

神谷は、「私はつとめのために、時どき関西から上京していたが、しばしば田島先生が、七十代後半の御身をもって、ひとり新幹線のプラットフォームに迎えて下さるのにはおどろいた」とも書いている。神谷は美智子妃をお支えすることを、自分の大事な〝つとめ〟と信じていたのだろう。田島自身もまた、「徒とめてもな保勤免てもつと免ても　つ登免たらぬは勤めなり介利」（「つとめてもなお努めても　つとめても　つとめたらぬはつとめなりけり」）という和歌を遺している。

小泉や安倍亡き後、田島にとって神谷美恵子は、美智子妃のためにと共に心を傾ける〝最後の同志〟だった。新幹線のプラットホームにわざわざ若い神谷を出迎えたのも、二人が目標を一つとしていたからに違いない。

皇太子、美智子妃への御伝言

長年にわたり弛《たゆ》まずつけてきた「日記」である。だが、十一月後半のものは筆跡は乱れ、判読し難い。最後のものは、十一月二十六日。そのままを写すと、「冲中先生12・30××××ノ×××渡ス。鈴木大夫見舞、1・40－2・00。タンド個人的。両殿下御伝言」で、この後は白紙になっている。

生涯最後の記述は、「両殿下御伝言」であった。鈴木東宮大夫が見舞いにきて、田島は両殿下に伝言を託した。いったい田島は、皇太子と美智子妃に何を伝えたかったのであろうか。

昭和四十三年十二月二日、午後三時四十分、田島は肝臓癌のために不帰の人となった。享年八十三であった。

田島道治の死後、四十二年。いまだに三代の明協學寮に学んだ元学寮生たちは、十二月二日の命日には「明協会」を続けている。

あとがき

亡父田島道治が遺した日記が、宮内庁長官時代のそれを中心に世に出ることになった。父自身、そして兄の故田島譲治がこれを喜んでくれるかどうか、私には自信がない。答えはむしろ、「否」であろう。

だが、父の生きた激動の時代、ことに敗戦からわずか三年後の昭和二十三年から二十八年にかけて、この国の舵取りの一部をまかせられた人間の証言は、史料とみなされなければならないと、私自身は考えている。

父の「日記」は、ほとんど読解不可能な小さな字でびっしりと書かれ、自分のためだけのメモである。「明協会」の現会長、井上昌次郎先生が四倍に拡大コピーして下さったが、何年にもわたって読んだものの、まだ読解不可能の部分がある。

私は戦争中は満鉄の調査部に勤務、ソ連による五年間の抑留生活を経て、昭和二十五年一月に帰国した。その後朝日新聞社に勤務。社は、父から皇太子妃に関する情報をとってもらいたかったのかもしれないが、父は最後まで公人としての姿勢を崩さなかった。

「明協会」の元寮生たちから父の伝記をとの声が上がり、故内藺耕二先生が、誠に適切な著者、加藤恭子先生を探し出してきて下さった。伝記出版のための編集委員会が結成され、委員長の大島正光先生は率先して多額の寄附を提供され、三代の元学寮生たちが続いて下さった。

「明協会」の会員お一人お一人に、そして横山治雄氏未亡人横山武子様、また取材その他で貢献して下さった加藤恭子先生の教え子の方たちにも心より御礼申し上げたい。私としては、長年協力しあってきた加藤恭子先生との努力の結実が、こういう形で世に出されることは、まことに嬉しいかぎりである。深く感謝する次第である。

今回、本書は飯窪成幸氏によっておくりだされるが、飯窪氏には二〇〇三年にも『文藝春秋』七月号で父の手になる草稿を発表していただいた。再度御礼を申し上げたい。

田島恭二

あとがき

人の生涯には、さまざまな出会いがある。人や物事に、なぜかわからないのだが結びつけられる〝えにし〟、または〝ゆかり〟とでも呼ぼうか？

私の場合にも、多くの仕事がそのような縁から生まれた。『日本を愛した科学者—スタンレー・ベネットの生涯』（ジャパン・タイムズ　一九九四年）にしてもそうだった。ベネット先生の弟子の一人、故内薗耕二先生が、明協學寮の卒業生でもあったのだ。

個人として私が最も影響を受けたのは、本書の主人公、田島道治先生である。女人禁制の学寮なのに、夢の中ではいつの間にか自分も寮生になっていたり、台所でじゃあじゃあ水を流して皿を洗っていると、ハッと水道を止めたりする。「電気も水も、もし霊あらば人間様の正当なお役に立って有難い、以て瞑すべしというような使い方をせよ」という先生の教えが閃いたりするからなのだ。

絶筆となった「両殿下御伝言」の〝両殿下〟が、今は天皇・皇后両陛下となられ、昭和天皇の御遺志を見事に継承され、しかも新しい日本を創っておられる。そのことを先生は御存知なのかしら、応援しておられるのかしらと、ふと思ってしまったりもする。

御遺族の皆さま、そして明協会の方々と私自身の教え子たちのおかげで、道治先生について三冊の単行本と多くの記事を書かせて頂いた。今回の作品については、田島千代子様に殊に御礼を申し上げる。また、監修者の田島恭二様については、言葉では言い尽くせないほどの御恩を感じてきた。田島道治先生の「日記」は、まさに読解不可能。それを何年もかけてコツコツと手書きで書き直して下さったり、百本近いテープの交換で私の質問に答えて下さった。今回は「日記」なので、私などより適任の方々はおられるのだが、御子息、田島恭二様の御指導のもと、ここまで漕ぎ着くことができた。

田島先生関係の本を書くのはこれが最後と思う。今までこのテーマでお世話になってきた編集者の方々のお名前を、年代順に敬称抜きで列挙したい。

塩野谷幹雄、嶋中雅子、堀井春比古、福澤晴夫、飯沼康司、後藤恵子、野中文江、斎藤純一、笠原仁子、上原隆志、藤平歩、前島篤志、寺田英視、阿部英雄、内川永一朗、望月良夫、松井清人、照井康夫、白川浩司、田中美穂、道川文夫の諸氏に対し心より御礼を申し上げる。また、秋元ゆき子、太田美年子、松本ひとみの三氏に対しても感謝を捧げたい。

本書は、長年このテーマの協力者であった飯窪成幸氏によって上梓されることとなった。

その御縁もまたうれしい。

加藤恭子

●参考文献（本文中に言及したものを除く。なお発行年の表記は当該書籍の奥付に従った）

安倍能成『戦後の自叙伝』（新潮社　昭和三十四年）
安藤良雄『昭和経済史への証言』上（毎日新聞社　昭和四十年）
今村武雄『小泉信三伝』（文藝春秋　昭和五十八年）
甘露寺受長『天皇さま』（講談社　昭和五十年）
小泉信三『小泉信三全集』第二十五巻上（文藝春秋　昭和四十七年）
ウィリアム・シーボルト著・野末賢三訳『日本占領外交の回想』（朝日新聞社　昭和四十一年）
高橋紘・鈴木邦彦『天皇家の密使たち』（現代史出版会刊　徳間書店発売　一九八一年）
高橋紘編『昭和天皇発言録 大正9年〜昭和64年の真実』（小学館　一九八九年）
高橋紘・所功『皇位継承』（文春新書　平成十年）
高橋紘『象徴天皇』（岩波新書　一九八七年）
高橋紘『昭和天皇　１９４５―１９４８』（岩波現代文庫　二〇〇八年）
竹前栄治『ＧＨＱ』（岩波新書　一九八三年）
竹前栄治『ＧＨＱの人びと―経歴と政策』（明石書店　二〇〇二年）
秩父宮家『雍仁親王実紀』（吉川弘文館　一九七二年）

徳川義寛・岩井克己『侍従長の遺言―昭和天皇との50年』（朝日新聞社　一九九七年）
徳本栄一郎「『英国機密文書』発見―昭和天皇『占領二四〇〇日』の戦い」（『文藝春秋』二〇〇五年十月号三〇〇―三一三ページ）
秦郁彦『昭和史の謎を追う』（上）（下）（文藝春秋　一九九三年）
秦郁彦『昭和天皇五つの決断』（文春文庫　一九九四年）
原彬久『吉田茂―尊皇の政治家』（岩波新書　二〇〇五年）
保阪正康『秩父宮と昭和天皇』（文藝春秋　平成元年）
防衛庁防衛研究所戦史部監修『昭和天皇発言記録集成』全二巻（芙蓉書房出版　二〇〇三年）
前田多門・高木八尺編『新渡戸博士追憶集』（故新渡戸博士記念事業実行委員　昭和十一年　非売品）
ダグラス・マッカーサー著・津島一夫訳『マッカーサー回想記』（朝日新聞社　昭和三十九年）
三谷隆信『回顧録　侍従長の昭和史』（中公文庫　一九九九年）
明協学寮生一同編『記念文集・明協』（光洋社　昭和三十九年）
吉田茂『回想十年』第四巻（新潮社　昭和三十三年）
吉田茂『吉田茂書翰』（吉田茂記念事業財団編　中央公論社　一九九四年）
吉田裕『昭和天皇の終戦史』（岩波新書　一九九二年）

*日記文中に今日からすると、不適切と思われる表現がありますが、本日記の史料的価値に鑑み原文のままとしました。

加藤恭子（かとう　きょうこ）
1929年生まれ。早稲田大学仏文科卒業と同時に渡米。ワシントン大学修士号の後、フランス留学。帰国後、早稲田大学大学院博士課程修了。著書は『田島道治』他多数。日本エッセイスト・クラブ賞、文藝春秋読者賞等を受賞。

監修　**田島恭二**
1917年田島道治の次男として生まれる。東京大学文学部卒業。岩波書店をへて朝日新聞に入社。退職後、書店経営をする。

文春新書

744

昭和天皇《しようわてんのう》と美智子妃《みちこひ》　その危機《きき》に
「田島道治日記《たじまみちじにつき》」を読《よ》む

2010年(平成22年)3月20日　第1刷発行

著　者　加藤恭子
発行者　木俣正剛
発行所　株式会社　文藝春秋

〒102-8008　東京都千代田区紀尾井町3-23
電話　(03) 3265-1211（代表）

印刷所　理想社
付物印刷　大日本印刷
製本所　大口製本

定価はカバーに表示してあります。
万一、落丁・乱丁の場合は小社製作部宛お送り下さい。
送料小社負担でお取替え致します。

ISBN978-4-16-660744-0